大学英语混合式
教学模式与教育改革研究

王落茹 著

图书在版编目（CIP）数据

大学英语混合式教学模式与教育改革研究 / 王落茹著. — 北京：中国商务出版社，2022.10

ISBN 978-7-5103-4523-4

Ⅰ.①大… Ⅱ.①王… Ⅲ.①英语－教学研究－高等学校 Ⅳ.①H319.3

中国版本图书馆CIP数据核字(2022)第199364号

大学英语混合式教学模式与教育改革研究
DAXUE YINGYU HUNHESHI JIAOXUE MOSHI YU JIAOYU GAIGE YANJIU

王落茹　著

出　　版：中国商务出版社	
地　　址：北京市东城区安外东后巷28号	邮　编：100710
责任部门：发展事业部（010-64218072）	
责任编辑：刘玉洁	
直销客服：010-64515210	
总 发 行：中国商务出版社发行部（010-64208388　64515150）	
网购零售：中国商务出版社淘宝店（010-64286917）	
网　　址：http://www.cctpress.com	
网　　店：https://shop595663922.taobao.com	
邮　　箱：295402859@qq.com	
排　　版：北京宏进时代出版策划有限公司	
印　　刷：廊坊市广阳区九洲印刷厂	
开　　本：787毫米×1092毫米　1/16	
印　　张：10.25	字　数：200千字
版　　次：2023年1月第1版	印　次：2023年1月第1次印刷
书　　号：ISBN 978-7-5103-4523-4	
定　　价：63.00元	

凡所购本版图书如有印装质量问题，请与本社印制部联系（电话：010-64248236）

版权所有盗版必究（盗版侵权举报可发邮件到本社邮箱：cctp@cctpress.com）

前　言

　　在线学习与课堂教学相结合的混合式教学模式在大学英语教学领域被广泛应用。传统课堂教学的"重教轻学"问题长期以来一直被诟病，传统模式存在着教师主导地位过于突出与学习资源不足的缺陷，而其优势在于教师与学习者之间的面对面交流。在线学习有助于学习者充分发挥主观能动性及创造性，但存在着忽视教师主导地位、监督主体缺乏、学习动力不足等弊端。

　　当前的大学英语教学创新可以从三个方面来进行，首先是系统性，即总体上的教学观念、教学模式以及教学制度；其次是新颖性，即对具体的教学目标、教学内容以及教育方法进行创新；最后是价值性，即明确教学创新旨在促进学生英语能力的综合提高，培养新时代创新人才，并且实现每个教师个体的价值。

　　21世纪，新的知识体系的构建依托所有的知识主体之间的互动，而新型的混合式教学模式正是为知识体系的构建创立了一个共享平台，新模式鼓励群体合作、社会协作以及不同成员间的互动和参与。在新模式下，教师需要同时关注如何传授知识本身，以及如何提高学生的自主性，在新环境下教师需要鼓励学生与教师、学生与学生的交流沟通以及协作，这种交流与协作可以基于线下课堂，也可以基于线上系统，教师脱离原本的主体身份，转而担任起资源整合者、课堂组织者与学习指导者的辅助角色。

　　教学设计是系统分析教学短板、明确教学目标，创建解决方案的过程，其最终目的是优化整体教学效果。在混合式教学模式中，教学设计的目的是统一规划相关教学要素，以增强混合式教学模式的有效性，设计时要注意关联教学的各个知识点和学习者感兴趣的点，使知识与实际生活密切相关。学习活动在线上系统中的开展有着内容问题化、方法协作化等新特征，教学设计时可以将学生的实际需求融入学习活动，这种学习活动方式可能是一种或多种。

　　为了提升本书的学术性与严谨性，在撰写过程中，笔者参阅了大量的文献资料，引用了诸多专家学者的研究成果，因篇幅有限，不能一一列举，在此一并表示最诚挚的感谢。由于时间仓促,加之笔者水平有限,难免出现不足,希望各位读者不吝赐教,提出宝贵的意见,以便笔者在今后的学习中加以改进。

目 录

第一章 大学英语教学综述 ·· 1
 第一节 大学英语教学的理论 ··· 1
 第二节 大学英语教学的因素 ··· 21
 第三节 大学英语教学现状与存在的问题 ·· 23

第二章 大学英语教学及其改革的状况 ·· 51
 第一节 从教学大纲到教学要求 ·· 51
 第二节 大学英语教材建设 ·· 60
 第三节 大学英语师资队伍的建设 ··· 74
 第四节 大学英语教学改革的发展历程及其成果 ·· 83

第三章 信息技术与大学英语教学的关系 ··· 87
 第一节 信息技术与英语教学深度融合的机遇与挑战 ····································· 87
 第二节 信息技术与英语教学深度融合的内涵与本质 ····································· 96
 第三节 信息技术与英语教学模式的融合与创新 ·· 102

第四章 大学英语线上线下混合式教学模式 ·· 123
 第一节 大学英语线上线下混合式教学模式的教学理论 ································ 123
 第二节 大学英语线上线下混合式教学模式的环节设计 ································ 132
 第三节 大学英语线上线下混合式教学模式的实践要求 ································ 136

第五章 混合式教学模式下大学英语 ESP 和 EGP 融合教学 ································ 141
 第一节 ESP 教学研究 ·· 141
 第二节 ESP 教学与需求分析 ··· 145

第三节　ESP 教学与 EGP 教学……………………………………148

第四节　大学 ESP 课程的建构………………………………………152

参考文献……………………………………………………………156

第一章 大学英语教学综述

第一节 大学英语教学的理论

一、创客式高校英语教学理论

（一）教学的内涵

1. 创客教育与创客

近年来，一种全新的教育形式——创客教育正在全球教育领域兴起。最早发展创客教育的是美国，主要标志性事件有：2009年时任美国总统的奥巴马在"教育创新（educate to innovate）"大会上发言，以及美国白宫于2012年启动的"创客教育计划"（maker education initiative，MEI）。创客教育作为重在培养学生创造与创新能力的新型教育方式，一经提出迅速在全球教育界风靡，在许多国家的包括初等教育和高等教育的各个层面都受到了越来越多的重视。

（1）创客教育的起源。创客教育起源于创客运动即美国的"maker movement"。而"创客"一词来源于英文单词"maker"，是指出于兴趣与爱好，努力把各种创意转变为现实的人。创客起源于2001年美国MIT比特与原子研究中心发起的Fab Lab创新项目，后来在克里斯·安德森（Chris Anderson）的《创客：新工业革命》一书中最早用到了"maker"一词。创客概念一经提出，因其所包含的创新理念契合了工业4.0背景下的社会发展趋势，其"做中学"的学习模式同教育2.0背景下的21世纪核心素养的要求异曲同工，而受到了以教育界为主的社会各界人士的推崇。自此，世界各地创客空间蓬勃发展，创客活动如火如荼。当创客和教育相融合之后，创客教育作为一种全新的极具生命力、感染力和创造力的教育模式便应运而生了。

（2）创客教育的定义与特征。创客教育是以培养具有创客精神和素养的人为目标的一个系统的教育理念。创客教育也是一种新型的教育模式，它的主要学习方式是"从创造中学"。创客教育的定义分为广义和狭义，本节中的创客教育指的是广义上的创客教育即最大限度地激发民众的创客精神的教育形态。同传统教育相比较，创客教育具有以下特征：①创客教育的目标是培养创新实践能力。创新技能被视作21世纪学生应具备的三大核心技能之一，而创新也是教育现代化的重要内涵之一；②创客教育的内容是跨学科学习。创客教育促进了信息技术等科技与教育相融合。同"STEAM"教育相似，创客教育也是一种学科整合的教育，追求在多学科结合的学习中培养学生的综合能力与素养；③创客教育的核心方式是"从玩中学""从做中学"和"DIY"，从而培养学生的动手能力和实践能力。

2. 创客式大学英语的理论依据

传统的大学英语在进入网络时代后，在各种新的教育技术和教学理念的冲击下，需要进行一定的变革以适应这个新的纪元。而创客教育的出现，给大学英语教学的变革提供了一个新的方向——以创客教育理念为指导，发展创客式大学英语教学。创客教育发展的推动力来自政府的推动以及新教育技术的发展，而究其根本，还是来自它背后蕴含的丰富教育理念。发展创客式大学英语虽然是新兴的教育概念，但其实它的背后有多种成熟的教育理论支撑，其中包括了实用主义教育理论和建构主义学习理论等。

（1）实用主义教育理论。实用主义教育理论的核心观点是"从做中学"。因此，在实用主义教育理论指导下的教学中，个体在活动中的亲自体验与尝试，是获得真知的主要手段。这也就意味着在教学中，知识不再是本位、教师也不再是中心，要鼓励并帮助学生主动去探索和成长。在学校教育中，学生的主体地位要得到确立，教师要探索有效果且有趣味的教学方法，确保学生的学习要在实践中进行，而学习的目的是发展学生的能力。

创客教育试图让学习者在动手操作中体会到创造的乐趣，将传统知识为主导的课堂变为学生进行创造的乐园，而教师最重要的任务是指导学生在实践中学习、成长与发展。因此，可以说创客教育理论正是对实用主义教育理论即杜威的"做中学"教育理念的继承与发展。

（2）建构主义学习理论。根据建构主义学习理论，学习是一个构建过程。学习者先对事物有一定的认知,然后在具体的情境中实践、体验,再重新建构新的认知。而在这个过程中,教师的作用是辅助引导,做一个合作者、引导者,而不仅仅是传授者。建构主义理念下的教学的中心也是学生,学生已有的知识要受到足够的重视,创新思维的开拓发生在学生新旧知识的融合中。教学中教师应设定具体情境,而这将有助于学生知识的建构。学习中学生应多互动,经验共享,协同合作解决问题。交流讨论、头脑风暴有助于最终达成共识,从而促进新知识的建构。

创客教育呼应了建构主义理论,强调学生通过自主探索,以及师生、生生积极合作达到开阔学生思维和提高创造能力的目的。

(3)项目教学理论(PBL)。项目教学法主张以项目促进教学。老师将独立的项目交由学生处理,学生负责项目的各个环节,包括收集信息、设计方案、实施项目直至最终的评价。在项目教学法中,最显著的特点是:项目为主线、学生为主体以及教师为引导。

项目教学法强调先练后讲,先学后教。其中学生要自主学习主动参与,从尝试入手从练习开始。学生学习的主动性、积极性和创造性都能得以调动,而这有利于学生自学能力、创新能力的培养。在项目教学中,学习过程即创造实践活动,人人参与其中。项目教学注重的不是项目完成的结果,而是实施的过程。在项目实践过程当中,学生分析问题和解决问题的思想和方法得到了锻炼和培养,对课程要求的知识和技能进行理解和把握,从中也体验到了创新的艰辛与乐趣。可以看出,创客教育所主张的体验式教学同项目教学法的主张可以说是殊途同归。

3.创客式大学英语教学中的发展路径

创客教育的核心理念是鼓励学生在创造中学习,培养学生的创新思维和能力。而创新思维和能力并不仅仅表现为动手制作的能力,还包含产生新理念新方法的能力。因此,创客教育虽然是起源于动手制作类课程,但是它是适合任何学科的,当然也包括大学英语课程。大学英语课程承担着培养大学生英文水平,实现知识体系与世界接轨,学习全球先进知识与技能的任务,其重要性不可谓不高。同时,大学英语教学在新时代、新技术的背景下,改革的迫切性也非常强,因为传统的教学方式已经不再能够完全胜任当今时代的需求。而创客教学这种新型的教学理念的出现无疑给大学英语教学改革带来了新的推动力。

(1)实施STEAM教育模式,增加大学英语能力培养维度。STEM教育于

1980年由美国提出，STEM指代四个学科：Science（科学）、Technology（技术）、Engineering（工程）、Mathematics（数学）。后来随着艺术学（Art）的加入，改称STEAM教育，其目标是培养学生动手、创新、综合运用科学知识的能力。而跨学科知识的整合与学习者之间的协作也正是创客教育的宗旨。所以要发展创客式大学英语教学也要通过学科知识之间的整合来促进学生的全面发展和个性化发展。其具体路径是通过实施STEAM教育模式，增加大学英语能力培养维度。传统的大学英语教学只注重英语知识的传授与讲解，缺乏跨学科能力的培养。其根本原因是受到教育技术、教师能力以及课程设置方面的限制。采用STEAM教育模式发展创客式大学英语教学就是要克服这些限制，改变传统的大学英语教学。具体做法是：

提高教师跨学科视野和综合素质。在创客式大学英语教学当中，大学英语教师要转变自身角色，不能够总是沿袭传统大学英语教学当中一味地向学生机械地灌输英语词汇语法等知识的方法。教师应该做课堂活动的引导者、协助者，甚至是新技术、新理念的学习者。如果教师的眼中以及课堂当中只有英语知识的话，学生所能学到的也只能是英语知识而已。大学英语课程所包含的知识远非只有阅读、写作、听说、翻译等英语语言方面的知识，语言的学习也不应该是孤立的，结合其他专业知识的语言学习可以达到事半功倍的效果。因此，教师应该以跨学科的知识充实自己，以跨学科的视野组织课上和课下的活动，这样的话学生从大学英语课堂获得的将不仅仅是英语的知识，还有多学科的综合知识和技能。

设计培养学生综合能力的创客式课程。教师具备跨学科的能力和视野是前提，有了这个前提条件之后就可以设计旨在培养学生跨学科综合能力的创客课堂。创客课堂有助于打破学科之间的壁垒，强化了不同知识的整合，学生在学习过程中不断地进行尝试，在与同学的讨论中不断完善自己的设计与作品。大学英语原有教材的内容通过教师跨学科视野的整合，完全可以用来培养学生的综合知识与能力。例如"A Brush with the Law"一课中，教师可以按照项目教学法的理念将学生分成任务小组，在课前分别负责PPT和小微课的制作。内容教师可以提供这样几个任务供各小组选择：文中的语言文化知识、文中的地理知识、文中涉及的西方法律体系以及中西方法律体系的差异。课前各小组成员选定任务后分工配合，利用网络收集素材并基于计算机技术完成制作任务。课中，各任务小组通过演示的方式展示小组成果，之后可以进行小组互评或教师评价。课后，各小组根据教师和同学的评语进一步完善小组的作品。又如"Dear and Energy Cycle"一课中，学生可以在教师的引导下对生态学和能量循环方面的知识有一定的了解。再如"The Professor and the Yoyo"一课中，教师引导得当的话，学生可以在了解爱因斯坦故事的同时得以涉猎物理学和工程学的相关概念。而通过这种创客式课程的设计，学生从创客式大学英语教学当中获得的知识无论是深度还是广度都将远远大于传统的大学英语教学。除了课堂上知识的获得之外，学生在小组任务的完成中还提高了自身的计算机技能和协作沟通能力，而这也是创客教育强大作用力的体现形式之一。

（2）采用混合式学习方法，变革大学英语教学模式。混合式学习（blended learning）一般指在线学习方式与传统学习方式相结合，广义上也可指各种学习方式的结合，如自主学习方式与协作学习方式相结合等。进入21世纪，随着互联网的普及现代教育技术的长足发展，在线学习已经成为非常重要的一种教学方式。关于在线学习和传统的面对面教学这二者之间的关系，目前国际教育的共识是，只有将这二者结合起来，优势互补，才能获得最佳的学习效果。

发展创客式大学英语教学，混合式学习方法是很好的模式。通过课堂讲授、阅读、讨论交流、协作学习、案例分析、资料收集、问题解决、反思和角色扮演等活动，混合式学习能充分发挥学习环境的开放性、共享性和学生的主动性与创造性，发展学生的兴趣，能培养学生的基本信息素养，同时还能使学生适应与应用新媒体，使学生在参与中探索体验并学会分享与合作。具体方法如下：课前准备阶段主要是基于网络的学习者自主学习，学习者登录课程平台自主学习由教师事先上传的教学视频、PPT课件等线上课程资源然后完成答疑讨论和在线测试，而教师则可以根据学生的讨论和测试的情况分析出学生的知识薄弱环节。课中阶段主要指线下对知识的巩固完善，教师有针对性地对重难点进行讲解，对课前收集到的问题重点解释，也可以组织学习者互相讨论，课上主要是解决问题、深化知识的过程。课后学生需要再次登录课程平台撰写学习日志，记录自己这一周的学习情况或遇到的问题。教师还可以根据不同水平学生的学习程度，单独布置课后任务，通过课后在线上完成这些任务，学生可以将相关知识进一步融会贯通。此外，当前丰富的英语学习网站和手机App也可以作为学生课外线上学习的平台，教师可挑选一两款让学生安装使用，甚至可以精选出其中某些任务单元组织学生以游戏竞赛的方式完成。这些课内课外的线上学习手段将极大地补充大学英语课堂线下的学习，不仅仅增加了学生的学习时长，更提高了英语学习的趣味性，从而达到了良好的学习效果。

采用混合式学习的方法发展创客式大学英语教学，教师能够根据不同的教学目标和教学内容，为学生选取合适的教学模式，线上线下学习模式相互切换，课内学习和课外学习相互补充。在教师引导、启发下，充分体现学生作为学习过程主体的主动性、积极性与创造性。

（3）提倡探究式教学，提高大学英语教学效果。探究式学习指从学科领域或现实生活中选择和确立主题，在教学中创设类似于学术研究的情境，学生通过动手做、做中学主动地发现问题、做实验、操作、调查、收集与处理信息、表达与交流等，获得知识，培养能力，尤其是培养探索精神与创新能力。创客式大学英语教学倡导学生的主动参与，因而大学英语教师首先要做的是调动学生学习的积极性，让学生自己思考怎么做甚至做什么，而不是让学生接受现成的结论。学生从亲自实践当中获得的知识是直接经验，从教师那里或者书本中获得的知识属于间接经验。实践是知识的唯一来源，因而间接经验还是要在实践中去检验，学生需要在实践中把书本知识变成实际知识，而这正是发展探究式教学的重要意义所在。

探究不仅是学习的过程而且是学习的目的。发展创客式大学英语教学要有意识地培养学生的自主学习能力，自主学习能力有助于学生运用已有知识去探索和发现更多的相关语言以及语言背后的知识和文化。外语本身就是工具性的学科，掌握了自主学习能力的学生将能够更好地运用外语这个工具，从而进一步去学习其他学科的知识。因此，发展大学英语的探究式教学能够帮助学生将外语学习中的知识体系化，从而将自己的相关知识形成一个以语言文化为核心的跨学科统一体。大学英语探究教学的培养目标是多维度的，不仅要教会学生语言基础知识和技能以及文化背景，还要培养学生的学习习惯和思维方式。发展创客式大学英语探究式教学可以为学生创造课内与课外、书本与网络、学习与实践相结合的立体化语言学习环境。学生在网络教学环境和多种学习资源下，以自主学习和合作学习为主，教师讲授为辅，通过探究的方式来完成语言知识和技能习得，并通过学习者的自我实现而促进教学效果的优化。

"互联网+"时代已经到来，信息教育技术也正在飞速发展的背景下，传统的大学英语教学需要一场变革，而创客教育的出现为这场变革带来了新的方向。创客教育提倡以学生为主体，从做中学，培养有创新能力的学生，符合高校人才培养目标和21世纪核心素养要求，因而发展创客式大学英语教学将是顺应时代发展的恰当选择。其主要实现路径是：充分利用互联网和现代教育技术，采用线上线下相结合的教学模式，在教师的引导下鼓励学生自主探究协同进步，发展跨学科综合能力尤其是创新能力。当然，创客教育作为一种发展尚未满十年的新型教育模式，其效果如何仍需要更多的时间去验证。发展创客式大学英语教学也还有一些问题需要解决，例如如何促进传统教师向创客导师转变，如何保证学生在探究式学习当中的积极性，如何合理安排混合式学习中线上学习和线下学习的时间比例，如何改进传统的教学评价体系，以及如何采用定量的方法验证创客式教学的效果等，而这些都将是未来创客教育研究的方向。

二、体验式高校英语教学理论

体验式英语教学是当今世界教育学研究和实践中的一种主流思潮。体验式英语教学注重以学生为中心，注重学习者的认知经验，提倡发现式学习、强调学习过程以及学习的互动等。把体验式教学理论应用到实际课堂教学有助于提升学生的自信心和学习能力。

（一）体验式英语教学的理论依据

体验式英语教学是当今世界教育学研究和实践中的一种主流思潮。它注重以学生为中心，提倡发现式学习、强调学习过程和学习的互动。体验式英语教学强调学习者的个体需求和个性化的学习风格，强调合作式学习，强调课堂交际情境的创设和课堂语言实践环境的真实性。

构建主义学习理论是体验式英语课堂教学的教育学依据。构建主义学习理论强调学生对知识的主动探索、主动发现和对所学知识的主动构建。基于构建主义学习理论，皮亚杰认为，学习过程中的建构式个体积极参与的意义构建，是个体根据自我经验而达到的理解。因此，构建主义学习观强调在学习者过往经验的基础上主动选择、加工和处理外部信息，主动建构知识体系。在该理论的指导下，体验式英语教学模式特别注重学生的自主体验，自主学习能力的培养，强调学生学习的主动性和参与性。体验式英语学习模式鼓励学生学会对自己的学习进行反思，以期发展学生的新技能、新态度、新理论以及新的思维方式。体验式英语学习模式的理念告诉我们，教育就是创造一种直接的和相关的学习环境，让学习者在这样的环境中获得知识、应用知识。体验式英语教学的核心是在整个教学过程中，让学生通过真实或模拟的语言学习活动，获得语言体验，增加信心，体验成功和快乐。美国心理学家罗杰斯认为只有体验学习才是有意义学习，体验学习以增长学生的经验为中心，以学生的潜能为动力，将学习活动、愿望、兴趣和需求融为一体，所以能够有效地促进个体的发展。

（二）体验式英语教学的优势

邹为诚等在讨论体验式英语学习的教育学理论基础上，提出了五项"以语言体验为核心"的教学原则。和传统教育模式相比，体验式英语教学设计具有以下优势：

（1）以学生为中心。传统的英语课堂教学是教师讲，学生听，这种教学方法不能充分调动学生的学习积极性，也忽视了课堂教学的互动性原则。而体验式英语课堂教学强调以学生为中心，强调学生的个体差异，教会学生如何运用语言而不是孤立地学习。

（2）以任务为基础。传统的英语教学注重词汇的精讲、词汇的意义比较，学习分析句法结构、句法的作用和语言的准确性。而体验式英语教学则注重文化内涵的渗透教学，注重以教学内容为基础材料，学习研究英语语言国家的文化。

（3）以互动式教学为特征。体验式英语课堂教学注重通过网络课题的交互学习，为学生设置运用英语的情景，组织学生参与语言交际活动，使学生在交际过程中相互学习，提高学习者的学习积极性和创造性，培养学生的自主学习意识，学习方式由被动变成主动。

（三）体验式英语课堂设计

体验式英语学习理论强调学习是学习者的学习。为了让学生积极参与课堂教学活动，让学生通过自己的参与、体验产出语言，教师在课堂教学中要注重以下方面的教学设计：

1. 注重教学情境的创设

语言学家克鲁姆说："成功的外语课堂教学应该创造更多的情景，让学生有机会用自己学到的语言材料。"体验式英语课堂教学设计的目的是让学生在真实的语言环境中感知体验语言在现实生活中的实际应用。因此，教学过程中设置的场景、语境应符合真实的语言交际情景。教师设计的各种教学活动应让学生有足够的机会去体验、感知，使学生获得对语言在实际生活中的应用体验。

2. 注重搭建语言实践平台

学习者是学习的主体，有效的学习需要从学习者的兴趣出发，从解决实际的问题出发。教师的作用在于为学习者提供丰富的学习情境，帮助和指导学习者建构自己的经验并引导学习者从直接经验中学习。体验式英语学习强调让学习者在语言学习的过程中感知、体验语言的实际应用，为此，教师应该为学习者搭建进行语言实践的平台。一是课堂活动的开展。例如，老师确定语言主题，组织学生开展课堂辩论、主题讨论、即兴演讲、小型英语角等活动，让学生在讨论发言的进程中感知、学习、体验语言的运用。二是拓展课外活动。例如，举办英语话剧比赛、商务谈判、无领导小组讨论等英语语言实践活动，在具体环境中实践、体验并修正语言。三是鼓励学生出国留学。例如，参加交流生学习项目，到目的语国家学习语言，在真实的语言环境中感知、体验和学习。

3. 注重学生自主学习能力的培养

自主学习能力指的是学生确定学习目标、学习进程，对自己的学习能力评估。自主学习能力主要靠后天的学习来培养。培养学生对自己学习负责的能力，也是培养他们对社会负责的能力。自主学习能让不同层次、不同水平的学生都学会学习，得到不同程度的发展。自主学习不是忽视教师对学生学习的指导，不是放任自流。自主学习是在教师的个性化指导下的学习，教师要因材施教，根据个体的实际情况设计学习目标和学习进程，同时加强对学生学习进程的跟踪检查和指导，这样才能培养学生的自主学习能力，提高学习效果。

4. 注重学习策略的指导

学生学习能力要提高就要注重掌握学习策略。学生在学习过程中出现的许多问题不是因为对教学内容和材料没有理解导致的，而是缺乏认知策略和元认知技巧。学习策略对学生的学习起着至关重要的作用，学生学习结果的差异性往往是由于不同的学习方法的差异造成的。为此，教师在指导学生自主学习的过程中要注重学习策略的培训，注重学生的个体差异，注重英语学习中常见的难题，如汉、英语言的差异，英语语音、语法、词汇、篇章、文化等方面的问题。教师要帮助学生发现适合自己的学习技巧，制定学习目标，培养使用策略的意识，从而提高学习效率。

体验式学习与交际教学法理论中的任务型学习法是一脉相承的，两种学习理论都是以让学生积极参与课堂教学活动为基础，让学生在参与交际活动的过程中学习掌握语言在实际生活中的应用，学习者通过体验外部世界和进行互动从而获得知识。为此，课堂英语教学设计要根据学生的实际水平调整教学内容，创设浓郁的语言交流环境，课外开展丰富的语言文化交流活动，设计各种语言实践场景模拟活动，这样才能让学生在学习语言的过程中体验生活，在日常语言交际中感知、认知语言的实际应用。

三、反思性高校英语教学理论

自西方发达国家发展而来的反思性教学模式，是一种教学理念，由于教学内容需依据学生的学习状况不断调整，教学理论也应不断更新，本节意在分析反思性英语教学的教学理念，说明反思性教学理论的教学意义，对反思性英语教学理论进行重新定位与思考。

反思性教学是在教学主体的不断研究下，针对教学行动、教学目的、教学工具等方面的内容作出提高与改进，这样的改进能提高教学手段与教学能力，教师在进行自我评价与自我反思的过程中，扮演着多重角色，既可以进行教育，也可反复思量，被教育。

反思性教学特点诸多，它是循环与提升的过程，在这个过程中，教师应积极关注教学目的与结果，且在教学过程中，教师还应具备在课堂上不断探索的能力。

反思性教学依靠教师之间的对话与交流，探究良好的教学方式，对教学行为进行研究与探索，教师进行教学工作，需要积极进行反思，对教学理论的定位进行积极思考。本节主要对英语教学的理论进行重新定位，探索良好的英语教学方式。

（一）反思性英语教学模式

随着教育体制改革的深入发展，人们对于教育教学体制的认识不断加深，教师成为提升教育教学质量的关键，教师要反复定位与思考自己在教学过程中所作出的种种决策以及每个决策所产生的后果，教师在教学过程中便是教学参与者，教学参与者的认识水平和观察水平与教学行为息息相关，教学行为的转变与教师观察能力的提升有关，教师在英语教学过程中应不断反思自己的教学行为，促进自身教学能力的不断提升。为达到所期望的教学目的，教师应进行教学研究，促进教学行为的成功，教师应对教学行为进行计划、反馈、调控与改进，以期达到预期的教学目的。

反思性英语教学是一种教学模式，教育工作者自身具备一定的教学模式，在实践经验与教师的间接知识相结合后，教师在结合实践成果与教学反思，形成新的职业能力，逐渐养成专业的英语教学素养。

（二）反思性英语教学的意义

反思性英语教学为教师自身的发展提供了发展前景与规划，教师在进行自我教育、自我发展的过程中，应不断调整教学方法与教学技能，为了提高自身素质，为教学发展创造一个新思路、新途径，教师必须着眼于自身问题，仔细思量，从教学中常出现的问题着手，通过不断调整教学方式与方法，思量自身为什么要成为一个英语老师？成为英语老师要具备什么样的条件？该用怎样的标准去衡量学生的学习？综合多种评判方法，在整个教学过程中不断作出各种判断，去思量与评判，形成新的教学方式与教学行为。

反思性英语教学意义众多，反思性英语教学能使教师在整个教学过程中，不断发现问题，对整个教学效果作出各种判断与评价，构建合理的教学评价体系，在整个教学过程中，若教师采用反思性的英语教学模式，在教学过程中不断反思与思量，将教学有效性与实践性相结合，可提高教学的合理性，塑造一个成功的教学前景模式，构建稳定的教学体系。

（三）反思性英语教学理论重新定位与思考的实践应用

1. 反思性英语教学理论在高职英语教学中的运用

反思性学习是一个较为完整的学习过程，行为研究是反思性学习理论中的一个重要反思方法，行为研究是从反思至计划，再从计划至行动、观察、反思的过程，在这个过程中，需不断反思教学行为在高职英语教学中的应用。

通过教学观察，发现教学中存在的一些问题，再去思考解决问题，初入高职院校，学生会感觉课程难度较大、单词生疏、英语能力提升困难，在了解这些基本的英语教学现象后，教育工作者便要去分析原因，通过调查研究表明，绝大部分高职院校的学生基础知识不够扎实，英语学习需要掌握一定学习技能，依照心理学研究，技能形成之际，可以通过练习曲线表示，练习曲线中期，往往会出现进步停顿的状况,在这段时期,学生的学习能力会出现停滞现象,在进入高职院校期间,学生新的学习技能尚未养成。

针对学生的学习状况与当前学习能力,教师需提出有针对性的解决措施,去激发学生的学习动机,教师要不断激励学生,教导学习差的学生勤能补拙,教导学习成绩好的学生不能骄傲。

当学生的学习兴趣提升上去之时,教师接下来所做的工作便是改变学生的学习思想,让学生懂得跨入高职院校后更多考验的是学生的英语实践应用能力。学生学习思想转变之后,这时便要指导学生采用良好的学习方法,学习的过程是亲自经历与亲身体味的过程,学生学习时需掌握一定技巧,分段学习,将学习时间分成各个时间段,学习效果俱佳,学生的学习是个不断实践的过程,教学设计富有特色,学生的学习才富有意义。

2.反思性英语教学理论在大学英语写作中的应用

反思性教学理论在大学英语写作中的应用颇广,在大学英语教学中,采用过程教学法能增加英语教学的有效性,教师在完成单元课程教学后,应积极反思教学活动,对整个教学体系作出如下反思。

教师需反思课堂组织形式、反思自己在教学中的角色、分析学生的学习效果,教师在反思课堂组织形式时,应分析教学活动的三个阶段,即课堂准备阶段、课堂写作阶段、教学结束阶段。课堂准备阶段,教师需组织学生展开小组讨论,让学生对英文作文的主题作出全方位、多层次的考虑与思索,在学生讨论之后,教师将学生观点收集、整理起来,最终以整体纲要的形式进行展示,将主要与次要、正面与反面的原因一一列好。在课堂准备阶段,学生自由发挥写作,将写好的文章交换修改,不断丰富文章内容,使文章符合题目要求。

在整个教学写作内容结束后,教师对整个教学单元进行总结与反思,反思各个教学过程是否合理得当,对教学步骤、教学时间与内容进行合理调整。

在反思单元课程教学后,教师便要反思自己在教学中扮演的角色,教师是教育者也是受教育者,在大学英语写作课堂上,教师与学生都应充当写作活动的主体,教师更应做好纠正、检查、指导工作。

教师找准自身所扮演的角色后,考查整个教学效果,了解教学效果可采用问卷调查的形式,调查学生的英语写作兴趣,体察学生在课堂上的表现,待学生作文定稿后,教师再来判别学生的写作能力与写作趣味。

在了解学生的学习能力的基础上，积极调整教学策略与教学方法，以此取得更好的教学效果。教师与学生互动，注重提问技巧与语言的应用能力，不断反思教学手段，促使学生提升学习兴趣，促使学生英语写作能力与写作水平提升。

（四）反思性英语教学理论的前景分析

20世纪80年代，教育改革之风四起，建构主义的引入，对教育学术领域的影响巨大，教师需要在教学过程中不断反思教学问题，尤其对教学目标，教师的计划与设计要与教学目标息息相关，立足于学生的学习实际，从学习者的学习特征与已有的教学设备入手，进行反思性教学，其对于英语教学的研究有着关键作用。反思性教学理念的兴起，对建构主义思想具有极大的推动作用，反思性教学在一定程度上解决了英语教学理论匮乏的问题，教师努力构建符合人们实际需求的反思性英语教学理论体系，提升学生语言能力，促进教师职业素养提升。教师既是教育者也是受教育者，他们必须能对自己的学习与生活进行积极的反思与监控，通过反思与重新定位，提升思维认识的高度，反思性英语教学理论对其他学科也具有积极的影响，为学会教学与学会学习提供了合理的价值观导向，对今后的教学起着一定的指导作用。

在教学实践与经验总结的指导下，教师需要不断改变传统的教学理念，采用反思性的教学模式，使教学更富有科学合理性，教师需反复观察学生在学习过程中产生的问题，将反思成果应用于英语教学实践，促进英语教学水平的提升。

四、高校英语的情境教学理论

英语教育在当代社会备受重视，然而由于缺乏真实的语言学习情境，在我国呈现出明显的被动性。许多学生学了多年的英语，过了大学英语四、六级考试，却无法流利地用英语与他人进行交流，"哑巴"英语现象一直普遍存在。作为一种交流工具，英语是一门实践性很强的学科，具有很强的情境性与实践性。而当前的英语学习却普遍依靠死记硬背，学生空有一肚子的单词和语法知识，却难以运用于实践当中。这样一来，英语教学工作并没有达到它真正的目的。

（一）情境教学的含义

《教育大辞典》给"情境教学"下了这样的定义："情境教学就是指教师创设具

体生动的知识场景,激起学生主动学习的兴趣、提高教学效率的一种教学方法。"张华在《课程与教学论》中提出:"情境教学是指教师人为地创设含有真实问题或真实事件的教学情境,学生在解决问题或探究事件的过程中自主地理解知识或建构意义。"概而言之,情境教学就是指教师通过人为地"创设"一些具体的"教学情境",更好地帮助学生进行学习活动的一种教学方法。

情境教学理论强调知识与情境活动之间动态相互作用的过程,认为知识与活动是不可分割的,学习者在具体情境中通过活动获得知识,因此,学习是情境性的。在传统的"填鸭式"教学过程中,先是由教师灌输一套抽象的概念性知识给学生,然后再应用于具体的实践当中。而情境教学理论则认为,概念性的知识只是一种工具,概念性知识的含义不是由它本身所决定的,而是由它所处的群体活动和文化背景共同决定的。概念性的知识只有通过在具体情境活动中的具体运用才能得到充分理解,因此不同的群体在不同的情境下对同一概念的理解是不同的。知识不是一个抽象的概念,不是由客观决定的,更不是主观产生的,是通过个体与环境交互作用建构而来的。

(二)情境教学理论在英语教学中的意义

从教学的角度看,教学离不开情境,不论是自然产生的还是人为"创设"的,总是在某种情境中的教学。从学习的角度来看,知识赖以产生意义的背景,就是情境。可以说,教育从产生的那一刻起,就与情境有着不可分割的关系。英语知识只有在它们产生及应用的情境中,才能产生意义。英语教学离不开情境的创设,情境教学理论对于英语教育来说具有重要的意义。

传统教学观念认为知识是固定的、一成不变的。在我国传统的英语教学中,所传授的知识大多来自教师对书面教材的讲授。而情境教学理论认为,知识具有情境性,也就是说,知识不应脱离具体情境加以学习和训练。离开了具体的语言情境,英语知识就偏离了得以产生的土壤,英语教学应置于具体的语境之中。事实上,就其本质而言,英语知识来自个人体验,脱离了个人体验,就不能构成对个体来说有用的知识。对于英语学习者来说,如果不能把书面的或讲授的内容内化为自身的理解与认识,这些知识就只能被称为信息。这些脱离了学习情境的信息,学习者也许能够死记硬背,却不能灵活运用,使之转化成自己知识结构体系的一部分。

英语学习者通过传统教学获得的知识和技能，在具体运用时经常会遇到各种问题，这主要是因为通过传统"讲授型课堂教学"获得的信息通常是脱离语言情境的，这样的信息往往是肤浅的、简化的、刻板的、难以准确迁移的，完全不同于知识与技能在具体情境中的运用。因此，许多英语学习者能够通过考试，但不能将所学信息灵活运用于具体情境中。情境教学理论的研究表明，具体情境中进行的学习活动效率更高，并能灵活运用于具体场合，而在传统教学中被"灌输"的知识，被称为"惰性知识"，很少能在需要的场合积极主动地被运用。或者更准确地说，学习者不知道应该在哪种情境中使用。这是因为英语知识并不是孤立的，他们总是存在于一定的语言情境中而传统课堂学到的知识却是抽象的，脱离了具体的语言背景。该理论将知识设想为一种副产品，一种个人与情境之间相互作用产生的副产品，而学习则是个人、知识与情境三者交互作用的结果。情境教学理论的介入可以弥补学校教育中缺少实践的不足，让学生能在真实、逼真的环境中获取知识，提高分析问题、解决问题的能力。

（三）情境教学的创设方法与策略

教学策略为教师选择和运用教学方法提供了富有操作性的指导思想，是指导教师在教学活动中进行教学行为的操作指南。传统"填鸭式"英语教学方式由于缺少英语情境的创设，主要是教师单方面地讲和学生单方面地记，学生很难有机会开口，以至于开不了口，达不到英语教学对听、说、读、写各方面的综合要求，因此，英语教学要注重情境的创设。情境教学理论对教师的要求日益提高，教师必须构建能反映教学目标和内容的情境任务，并通过这些任务评估学生的英语能力，从而进一步提高和完善英语课程的教学工作。

1. 英语教学情境的创设方法

（1）联系生活实际，重现日常情境。在传统的英语课堂教学中，教师只是进行单纯的讲解，比较枯燥乏味，学生难以记住并灵活运用。其实知识的学习与学习者智力背景有关，相比较而言，与学习者背景近的知识容易掌握，与学习者背景远的就难以掌握。因此把英语知识与学习者的日常生活联系起来，有助于学习者的理解和运用。教师要尽可能地创设与所授知识相关联的教学情境，贴近学生的日常生活，使他们产生亲切感、学得更容易，并能在日后灵活运用。教学情境的创设为语言的使用建立了知识背景。学习者可以利用已有的知识体验来理解词汇意义和句法意义。抽象的英语单词教学要尽量结合日常生活，教师应多创设词汇情境，与日常生活联系起来，以加深学生对词汇的理解和记忆。这样做有利于学生对相关知识的理解，并且缩短他们对新知识点认知的时间，能较大地提高学习者的学习兴趣和学习效率。

（2）利用现代多媒体技术创设情境。传统课堂教学由于受时空的限制，很多教学内容无法直接呈现在学生面前。然而随着计算机和网络技术的不断发展，多媒体教学以它的先进性、科学性、直观性、生动性等特点成为现代课堂教学的最佳选择。它集文字、图像、声音、动画等多种信息功能于一体，多层次、全方位地丰富了现代教学手段，创造了更有利于学习者探索的开放性学习情境。因此，在英语情境教学中，要充分利用现代多媒体技术创设教学情境。教师在课堂上运用多媒体教学手段，如幻灯片、投影、录像、录音、计算机多媒体技术等，根据教学目标创设合理的英语语言情境。这些情境通过图像、文字、声音等多种手段刺激了师生的感官，使他们可以观其形、闻其声、临其境，再现日常生活场景，传输大量的教学信息，激发他们的想象力和学习兴趣，牢牢地吸引他们的注意力，优化课堂教学效果。例如，学生对电影尤其是经典电影非常感兴趣，教师可以根据教学内容的需要，选取大量的经典英文原版电影片段，尤其是经典对白，在课堂教学中加以广泛运用，还可以鼓励学生对某些经典对白进行模仿表演，通过欣赏这些对白和表演，学生既可以听到纯正的美式英语，又能听到纯正的英式英语，还可以了解常用的俚语、俗语等。由于这些经典影片涉及面广、蕴含的文化信息量大，又为学生提供了直观生动的学习情境，学生不仅可以学到英语知识，而且还能更好地了解英美文化。

（3）创设英语活动情境。如能让学生亲自参与到教学活动当中，就更能加深他们对相关教学内容的理解，有利于提高他们的英语交际能力。教师应尽可能地创设相关的教学情境活动，让学生积极参与到各式教学活动当中，如讨论、表演、趣味猜谜、答辩比赛、有奖抢答等，这些教学活动能让学生在可见、可闻、可触、可学的情境中充分发挥多种感官的相互作用，创造性地运用所学英语知识，拓宽学习思路，不仅能使他们有意识地使用相关英语知识，更能培养他们举一反三、灵活运用英语交际的能力。例如在讲商务英语的"公司简介"这一教学内容时，我让学生根据各自的兴趣爱好，分组成立自己的公司，讨论出本公司的名称、规模、经营范围等相关内容，然后每个公司派出一名代表对本公司作简要的介绍，还可各组另派出一名代表充当评委,投票选出最好的公司简介。通过这样的情境创设,"公司简介"这一教学活动更具有开放性和实用性,给学生提供了更广阔的参与和思维拓展空间,激起了学生的强烈学习兴趣,课堂气氛非常热烈,有些小组还有模有样地设计了公司的商标。学习者用相关英语知识来讨论自己的所闻、所见、所想、所感,不仅激发了他们的学习兴趣,而且大大提高了他们的语言运用能力。

2. 英语教学情境的创设策略

(1)创设"自然"的教学情境,坚持真实性。英语教学情境的创设应该是现实生活中可能出现的,要真实自然,使学生产生亲切感,能够感受到情境的感染和暗示,从而自觉地运用相关的语言知识。教师要给学生创设一个学英语、用英语的语言情境。在教室里,可以用英语办墙报、黑板报,还可以张贴英语课表和英语格言。座位的排定可为半弧形、圆形,拓宽物理空间,便于学生更好地沟通和交流。在室外可以开办"英语角"。在家中可强化对各种物品英语名称的识记,订阅英文报刊,多看英文电视、电影,以此强化学习英语的情境。

(2)创设"流畅"的教学情境,注意恰当性。多媒体计算机教学虽有着无可比拟的优越性,然而并不是万能的,不能完全取代黑板粉笔。而且教学媒体的使用不能过于频繁,以防分散学生的注意力。要根据教学要求选择合适、恰当的教学手段。另外如果在教学过程中教师不能熟练操作各种教学媒体,及时传递教学信息,那就会给课堂教学带来干扰,反而会产生消极影响。

(3)创设"新、趣、奇"的教学情境,注意新异性。在创设各种教学情境时,要考虑到学习者的求新、好奇的心理特征,尽量提高教学情境的有趣性和新奇性,丰富教学活动,吸引学生的注意力。生动、新颖、多变、有趣的课堂教学活动可以提高学生的学习兴趣。例如,英语课前可以安排一些英语活动,如考勤汇报、对话表演、讲故事、短剧表演,这些不但丰富了课堂教学内容,而且提高了学生的学习兴趣。

五、高校英语中介学习理论

英语教学中教师和学生各自的作用如何平衡,一直是外语教学关注的问题。中介学习理论强调教师作为调解者的概念,强调教师必须促使学习者进步、解决问题或进一步学习所需的知识、技能和策略,其目标在于帮助学习者成为自主学习者,掌控自己的学习,从而成为独立的思考者和问题解决者。中介学习理论的内核及其12种特征给英语教学提供了重要启示和新的原则。中介学习理论视域下的英语教学基点以学生为中心，同时使教师发挥了至关重要的中介调解作用，有利于帮助学生成为自主学习者，增强学生的可持续性英语学习能力。

（一）中介学习理论概述

中介学习理论(mediated learning experience)，是以色列心理学家Feuerstein于20世纪40年代末提出的理论，已被广泛应用于许多国家的教学实践。Feuerstein与同事建立了国际学习潜能强化中心(ICELP)，在英国、加拿大、美国等国设立了45个ICELP分支机构，开展培训、研究和服务工作。

Feuerstein认为，孩子的学习从出生开始，由孩子身边重要的成人介入调解促成，成人提供给孩子的这些经历，称为介入式或调解式学习体验。父母及教师等选择和组织他们认为有利于孩子发展的各种经历，同时介入影响了孩子早期对于外界刺激的反应，向孩子解释哪种反应更为有益或采用合适的方法鼓励其选择此种反应或应对(Feuerstein，1980)。皮亚杰认为孩子在与环境的互动中，按照自己的节奏自行学习(Piaget，1966)；而Feuerstein认为孩子身边重要的成人对于孩子的认知发展起关键主导作用，他并未清楚明了地指出在父母和孩子的互动学习中，孩子自身所起的作用，虽然他承认个人主体在此互动学习中的重要性(Feuerstein，1980)。

教师作为调解者的概念，不同于教师作为知识传播者的概念。首先，教师作为调解者，必须强调赋予促使学习者进步、解决问题或进一步学习所需的知识、技能和策略，其目标在于帮助学习者成为自主学习者，掌控自己的学习，从而成为独立的思考者和问题解决者；其次，教师作为调解者，强调介入者和学习者之间的互动关系，学习者积极参与到学习过程中；最后，教师作为调解者，强调师生之间的相互性，即学习者对调解者或教师的意图作出积极的回应。

中介学习理论有下列几点重要特征。Feuerstein认为，为提供对学习者真正有教育意义的学习体验，中介学习体验教学具有12种特征，其中的三点适用于所有学习任务。如果教师能够帮助学习者建立起另外九点特征，亦有利于加强学习体验的重要性。重要性：教师必须让学生意识到学习任务的重要性和其对他们的影响，以及这些学习任务具有的更宽泛的文化意义。超出"即时即地"的长远目标：学习者必须意识到当前学习经验不仅即时即地地对其具有影响，而且对其具有长远的影响。分享达成的意图：教师呈现学习任务时，必须目的明确，且学习者能够理解和回应该意图。胜任感：学习者认为自己有能力成功地应对任何特定的学习任务。行为掌控感：学习者有能力掌控、调解自身学习和思考的行为。设立目标：学习者有能力设立现实的学习目标，并能制订计划实现它。面对挑战：有应对挑战的内在需要，并积极寻找生活中的挑战。对变化的理性认识：学习者明白人的变化发展，并能依靠自身识别或评估这些变化。相信事物能够积极发展的信念：此信念指，学习者认为即使面对看起来不可解决的疑难问题，他们也有可能找到解决方案。分享合作：学习者互相合作，认识到有些问题同伴合作更容易解决。个性/独特性：帮助学习者认识到他们的个性和独特性。归属感：学习者建立属于某个群体和文化的归属感。Feuerstein认为，适用于所有学习任务的特征为前三点，即重要性、超出"即时即地"的长远目标、分享达成的意图。

（二）中介学习理论视域下英语教学的原则

基于中介学习理论的上述特点，笔者总结出Feuerstein认为的高效教学的三条原则，也是中介学习理论对英语教学的重要启示。如果教师应用中介学习理论指导英语教学，也要遵循该理论的三条重要原则。

首先，师生之间要建立起良好的信任关系，能够进行有效的沟通和交流。教师选择的教学活动及其意义必须向学生阐明，学生理解教学活动的价值后，更容易投入学习任务中。教学实践中，确实有众多的学生因为不理解教师安排或布置的学习任务对其自身的意义，而拒绝投入努力。

其次，教学中的主体是学生，学生应学会承担自己对学习的责任，教师要协助学生学会自主学习，学会思考，成为独立的思考者，能独立地分析问题、判断问题、解决问题，这就要求教师在教学过程中鼓励学生通过自己的思考分析发现问题的答案。同时，教师要教授学生学科的学习策略，就英语教学而言，即帮助学生掌握语言学习规律，成为真正意义上的自主学习者。

最后，教师要鼓励学生之间的生生学习、合作学习，而非竞争关系。现代世界强调双赢的大格局，这就要求学校的教育要鼓励学生之间的合作而非竞争关系，生生学习也是教学强大生命力的源泉。

（三）中介学习理论指导下的英语教学活动

活动的意义。基于上文的Feuerstein中介学习理论的前三点特征，英语教师选择、布置或呈现活动前，可自问以下几个问题来确保教学遵循此原则：我为什么给学生选择特定的活动？这项活动对学习者具有什么个人意义及更宽泛的文化认识？我如何帮助学习者意识到此项活动的意义和价值？此学习活动如何产生意义，以至能对学习者的将来也有用？我该如何帮助帮助学习者理解此意义？我怎样向学习者清楚地传达任务缘由和任务说明？我如何确保学习者做好准备、乐意且能够尝试该学习任务？尝试回答上述问题能够帮助教师清晰明了地选择某项学习活动的目的和意义，及对学习者的意义。同时，教师要思考如何向学习者传达此意义，使学习者感觉到进行此活动的私人重要性。如若活动不能激发学生的学习兴趣和激情，教学就缺失了相关性和生命力。

活动价值及长远的目的。从语言学习的角度讲，活动要求学生自我思考，以此增进他们对自己的理解。为达成活动的目的，教师就要向学生传达活动的价值及个人意义。

胜任感。教师要向学生确保他们都能成功地完成，给予他们信心。

设立目标。运用设立目标，教师可衍生这样的练习：学生可以确立个人目标，比如要求自己更富有组织性，更勤奋等。

变化感。为使学生感到该活动给予他们的变化，教师可以要求学生口头或书面地思考问题"我学到了什么""我现在能做什么"或者"我对自己了解了多少"。

个性化。要想改变英语教学中的被动学习，确立学习者为主体的教学理念，使自己成为学生学习的促进者和协助者，英语教师就需要探索和提倡以学生为中心的多样化教学模式。如何平衡教学中教师和学生两大主体各自的重要作用，Feuerstein中介学习理论给了英语教师很多启示。Feuerstein强调教师作为学生学习的调解者，必须"授之以渔"，目标在于帮助学生成为自主学习者，掌控自己的学习，从而使其成为独立的思考者和问题解决者。中介学习理论的内核及其12种特征，也给英语教学提供了重要启示和新的原则，如建立和谐信任的师生关系，鼓励学生自主学习，提倡生生学习的新型学习模式等，这些都有利于教师把学生培养成自主学习者，增强学生的可持续性英语学习能力。

第二节　大学英语教学的因素

一、学生因素

（一）学习英语的动机

动机是大学生学习英语的内驱动力，学习英语的动机不同，产生的学习效果也不同。有的学生自愿学习英语，愿意在英语课程上花费较多的时间和精力，英语学习的动机较为积极，产生的学习效果就较好。而有的学生在学习英语过程中较为被动，仅仅是为了应付教师、应付考试，学习态度不积极，这样产生的学习效果就较差，对英语课堂教学也会产生负面影响。就目前而言，大学英语作为一门公共课，很多学生抱着为了通过考试和拿学分的动机，导致学习效果不理想。

（二）学习英语的兴趣

兴趣是学习最好的教师，大学生学习英语的兴趣直接影响着学习效果。一般来说，大学生学习英语的兴趣浓厚，英语学习效果和大学英语教学效果就好，反之亦然。从目前的大学英语课堂教学情况来看，学生对英语课程的兴趣普遍表现不高，尤其是非英语专业的学生，对英语学习提不起兴趣。有些学生想把英语学好，但由于英语基础较差，没有掌握科学的学习方法，很难在短时间内取得较好的学习效果，从而也对英语失去了信心和兴趣。

二、教师因素

（一）教学设计目标

教学设计目标是对学生预期学习效果的依据，对教学效果的提升作用很大。但在英语课堂教学中，由于英语教师对教学设计不够重视，教学设计目标不清晰，仍然照本宣科进行教学设计，没有结合学生的兴趣、爱好和需求等，精心做好教学设计，所开展的英语课堂教学活动也与学生的关注点大相径庭，难以引起学生学习英语的兴趣，导致大学英语教学效果收效甚微。

（二）教学形式和方法

在大学英语教学过程中，教学形式和方法没有与时俱进进行更新，仍然沿用传统的"填鸭式"教学方法，学生的主体地位在教学过程中被忽视，这种单一的教学方法，不仅使大学英语课堂教学较为枯燥，而且重在理论学习，学生的英语应用能力和实践能力无法在课堂教学中得到提升，使得大学英语课堂教学的效果不理想。

（三）课堂提问方式

课堂提问是英语课堂教学的必备环节。在英语课堂教学中，课堂提问方式是否能够调动起学生的学习积极性，让学生集中注意力关注当前的学习内容，影响着大学英语课堂教学的有效性。目前，在英语课堂教学中，教师课堂提问的方式和方法还存在不足，缺乏启发性提问，缺乏对英语教材内容的延伸和拓展性提问训练，难以发散学生思维，提高教学有效性。

三、学校因素

从学校方面来看，学校重视程度不够，也对英语教学带来了很多不利影响。现如今，信息技术发展迅速，要想充分利用信息技术展开教学活动，必须构建多媒体教室和信息技术应用环境，这些都需要学校的大力支持。有些学校忽视了对英语课堂教学的建设性投入，没有重视英语课堂教学工作，严重影响了英语课堂教学效果。

第三节　大学英语教学现状与存在的问题

一、大学英语教学问题的症结剖析

笔者认为，我国高校的公共英语教学一直是基于一个统一的教学大纲，缺乏分类指导，学习英语通常是为了通过考试（当然不排除日常交际的功用）。自全国大学英语实行四、六级考试以来，各高等院校对英语越来越重视。很多学校要求所有专业的学生要通过大学一、二年级的学习后通过"全国大学英语四级考试"，"四级"考试主要测试学生的听、读、译、写能力（现在又对部分学生增加了口语考试）；这对调动学生学习英语的积极性、提高英语教学水平起到了很大的促进作用。然而，由于没有后续教学，非英语专业学生在通过了大学英语四、六级考试后也就意味着"圆满"完成了在大学期间的英语学习。大三、大四两年基本上没有系统的英语课程，专门用途英语（English for specific purpose，ESP）并未得到应有的重视，ESP教学尚处于初级阶段，关于ESP教学的具体理论研究及实践还不成体系，适合中国学生的教材十分有限。ESP教学资源的匮乏与社会发展对人才的需要相矛盾。目前高校培养出的大学生绝大多数看不懂英文的产品说明书，更不晓得某个术语用英语怎么说，他们无法用英语获取相关的专业知识。这样的教学是不完整的，更是无法顺应时代需求的。随着我国入世和进一步实行对外开放，社会对外语人才的需求呈多元化趋势，单一外语专业或单一技术技能型的人才已经不能适应市场经济的需要，人们普遍感到学校中所学英语满足不了实际交际的需要。目前外语界最热门的话题就是"如何培养复合型人才？""如何提高学生的英语实践能力？"这意味着当前的外语教学必须顺应时代要求，转变教学模式，由单科的"经院式"人才培养转向"宽口径""应用型"复合型人才的培养模式。要做到这一点，必须大力倡导ESP教学。

与国外ESP的快速发展形成鲜明对照，ESP在我国发展相对滞后。我国ESP研究起步较晚，国外二十世纪六七十年代ESP研究兴起之时，我国应用语言学的研究几乎处于停顿状态。从20世纪70年代起，我国一些理工科院校相继成立了外语系或科技外语系，组织和实施大学英语教学，各个省成立了大学英语教学专业委员会，全国成立了大学英语教学指导委员会，专门组织大学英语教学、研究、考试。对于 ESP 研究始于 20 世纪 70 年代末，到目前为止，我国外语界对 ESP 在课程设置、教学法、教材建设、ESP 工具书编纂等方面进行了多维的探索。为了更好地传授 ESP 课程，对与之关系甚为密切的工具书进行研究，并依据这些研究成果编纂相应的辞书，如《英汉自动学及检测仪表词汇》《英汉计算机技术大词典》《英汉美术词典》《英汉社会科学大词典》《英汉空气动力学词典》等。但就编纂的宏观结构和微观结构而言，不少辞书存在着诸多缺憾。其间也发表了不少 ESP 的相关文章和论著，遗憾的是，大部分仍停留在介绍国外的研究成果上，只有少数结合自身 ESP 从教经历探讨大学 ESP 教学模式。与国外 ESP 的系统研究相比，国内方面的研究相当有限。

ESP 教学兴起于 20 世纪 80 年代初，标志为科技英语和经贸类英语专业的设置以及由此带动的各类专业英语课程的开设。同时一些外语院系也开始尝试开设"科技英语"课程，并尝试与外界交流。1981 年，在联合国开发署的资助下，ESP 教学网在北外、上外、西外的出国人员培训部成立，任务是帮助 ESP 项目学员（主要是科技人员）用半年左右的时间完成语言训练，掌握英语交际能力，然后按中国与联合国有关组织和机构商定的经济技术合作项目派往国外参加学术交流、学术深造或研究。

一方面，实践领域付出了巨大的努力，另一方面却不时传来学术界对 ESP 是否应该存在等质疑。对于是不是有"科技英语"（专门用途英语在我国的另一种叫法），我国的外语界从一开始就有一场针锋相对的争论。当时中国科技大学研究生院李佩在向中国科学院各研究所发出的征求意见书中就记载了这样的意见分歧：

近年来，我国外语界对大学公共英语教学应取向"科技英语"还是"普通英语"一直有所争议。所谓"科技英语"是 20 世纪 70 年代海外开始流行的"专用英语"引进中国后的一种说法。赞成"科技英语"者认为随着科学技术的飞速发展，国际交往日益频繁，英语已成为国际学术交流所必备的工具，因此认为"科技英语"或"学术英语"应是大学英语的主攻方向以满足学生的特殊需要。而主张"普通英语"者则认为无论何种专业系统，其所用英语均包含于该语言的大体系之中，只有"为科技用的英语"，而不存在什么"科技英语"，只有让学生打下一个扎实的英语基础，方能真正使其起到得心应手的工具作用。

在李佩所选的中国科学院各研究所所长和研究员的回信中，基本上都反对"科技英语"说法。例如,"把外文的基础打好,读科技文章就不成问题"。"我偏向于以'公共英语'为基本,只有掌握这门语言的'共核'部分,才能有利于在科技方面的应用"。"我 100% 地支持大学公共英语应取向'普通英语'的看法"。中国科学院院士,当时复旦大学校长杨福家甚至撰文指出:"不能将语言简单地划为'科学英语',乃至'物理英语''生物英语'等等",并断言"'科学英语'根本不存在"。张少雄撰文认真评说了科技英语词汇不存在的种种理由,并由此断言:不仅科技英语词汇不存在,按学科分类方法分割出的各种专业英语,除有一定程度的心理意义以外,并无理论上的科学性,也没有实践上的必要性。

学术上意见不同完全可以争论,但当时这场争论已超越了理论上的探索,直接影响我国的大学英语教学课程设置和发展方向。在较长的一段时间里,这种观点占主导地位:我国的大学英语教学是基础英语即普通英语的教学,不需要也根本没有必要进行专门用途英语的教学。按照一般的理解,科技英语是 ESP 的重要组成部分,我国的 ESP 教研也是首先从科技英语开始的。如果科技英语不存在,ESP 存在的理由就必然苍白无力。出现这种尴尬的局面有多种原因,最主要的是长期缺乏理论研究使我国高校的 ESP 教学体系多年来一直处于较为混乱的状态,突出表现在教学大纲对 ESP 课程定性与定位不明、ESP 师资匮乏、教材滥用等。

1983 年,上海交通大学受国家教委的委托,对全国部分院校毕业生在工作中使用英语的情况进行调查分析,这是我国大学英语教学首次对学生的交际需要进行分析,以后又对部分院校新生入校时的英语水平进行调查分析。这些分析虽然不尽完善,却为原国家教育委员会(现为教育部)1985 年颁布的《大学英语教学大纲》(理工科本科)(以下简称 1985 年《大纲》)的制定提供了重要的数据资料。1985 年《大纲》将大学英语分为专业英语阅读阶段和基础阶段。大纲指出了专业英语阅读阶段的培养目标是:使学生能以英语为工具,获取专业所需要的信息。尽管 1985 年《大纲》中不少内容的确定都采用了 ESP 的路子,如"微技能表"就是以 Munby 的被应用语言学界誉为 ESP 中最深刻、最严谨的需要分析的《交际大纲设计》(Communicative Syllabus Design) 一书为蓝本的,但 1985 年《大纲》没有明确 ESP 课程,只是遮遮掩掩地称是"专业阅读"(尽管最初开设的课程以科技英语为主),没能明确指出它到底是英语课还是专业课,至于到底读什么?深度、难度如何?均没有量化的指标。

1985 年《大纲》对 ESP 教学没有实质性的推动,加之 ESP 本身的跨学科性和当时社会经济状况对英语要求不高,因此在经历了 20 世纪 80 年代末至 90 年代初短暂的科技英语热之后,ESP 教学发展几乎停滞,原本设立 ESP 专业的学校,由于毕业生没有明显的优势,不得不放弃 ESP 特色。例如,原华西医科大学在 1986 年开设了医学科技英语专业,学生除学习英语外,每学期还至少学习一门医学课程,学制相应延长至 5 年,其培养目标为医学院校英语教师,毕业生既能胜任公共英语教学,也能承担医学英语甚至医用拉丁语教学。但走上教学岗位的毕业生反馈医学院校有的没有开设医学英语,有的开设了但不是由外语教师任课,因此该校英语专业从 1994 级学生开始,基本上停开了所有医学课程,学制也缩短至 4 年。

就教学对象来讲,许多岗位的工作人员利用业余时间参加 ESP 课程培训,从每年有几十万的学习者参加由剑桥大学举办的剑桥商务英语考试就可以看出这种趋势的存在。从国家教委到外语学界的专家、学者以及一线教师都意识到开设 ESP 课程的重要性。

1996 年出版的高等学校理工科本科用《大学英语专业阅读阶段教学基本要求(试行)》弥补了 1985 年《大纲》的缺陷。对 1985 年《大纲》中关于专业阅读课教学的要求和安排作了进一步阐述,制定了课程的教学基本要求,加快了专业阅读课教学规范化的步伐。

同时,外语专业教学内容和课程体系改革也在紧锣密鼓地进行中。1994 年底,原国家教育委员会(现为教育部)制定了高等院校面向 21 世纪教学内容和课程体系改革计划,《面向 21 世纪外语专业教学内容和课程体系改革》课题项目由上海外国语大学和北京外国语大学合作承担,并邀请了北京大学、清华大学、复旦大学、南京大学、对外经贸大学、外交学院、华东师范大学和解放军外国语学院等院校的专家、教授参与工作。为了便于开展研究,分别成立了由上海外国语大学和北京外国语大学牵头的南北方两个课题组,在国家教委高教司外语处的直接指导下工作。课题组自 1996 年正式开展工作,到 1997 年 6 月截止,课题组分两个阶段进行了大量的调查研究、信息数据统计和分析研讨工作。两组分别设计了调查问卷,分析反馈信息,并在此基础上撰写了分析报告。1997 年 6 月,课题组成员参加了高等学校外语专业教学指导委员会英语组年会,1997 年 11 月,又参加了全国外语院校协作组年会。在两次年会上,课题组成员认真听取了外语界专家对外语专业教学内容和课程体系改革的意见和建议,与会专家肯定了课题组的调研工作以及关于外语专业教学改革的总体思路。

经过对全国部分外语院校（系）人才培养和教学现状的摸底调查，基于各院（系）的总体改革和发展情况，结合 21 世纪对外语人才的需求，课题组提交了《关于外语专业教育改革的建议》（以下简称《建议》）。《建议》的核心内容是：21 世纪是一个国际化的，高科技经济时代、信息时代、智力和人才竞争的时代。我们培养的学生作为 21 世纪的社会主义建设者和接班人，应该是能立足我国以经济建设为中心的各条战线，面向改革开放前沿，适应市场经济，利用所学语言和知识，在传播沟通信息和进行科研成果的对外交往与合作、从事教育与科学研究等方面胜任工作，并发挥积极作用。这是 21 世纪的中国和世界对外语专业人才提出的新要求。这份建议还指出，当前外语教育专业改革的当务之急是转变教育思想，更新教育观念。由于社会对外语人才的需求呈多元化的趋势，过去单一外语专业和技术技能型人才已经不能适应市场经济的需要，市场对纯语言专业毕业生的需求量正逐渐减少。因此外语专业必须从单科的"经院式"人才培养模式转向宽口径、应用性、复合型人才的培养模式。其实，英语专业的学生仅仅是 ESP 学习者的一小部分，更大一部分来自非英语专业的学生以及专业工作人员。

ESP 课程的进一步明确是 1999 年修订的《大学英语教学大纲》（以下简称 1999 年《大纲》），正式提出了"专业英语"的名称，对"专业英语"的地位与重要性给予了充分的肯定，并规定为必修课。明文规定："专业英语是大学英语教学的一个重要部分，是促进学生完成从学习过渡到实际应用的有效途径。各校均应在大学三、四年级开始专业英语课……切实保证大学英语学习四年不断线。"1999 年《大纲》的要求明确了大学英语第二阶段即提高阶段的教学方向（第一阶段为基础阶段），为大学高年级阶段的 ESP 教学定了位。

但 1999 年《大纲》的问题依然存在。既然是《大学英语教学大纲》作出的规定，那么专业英语课理应属于英语课程系列，是公共基础课。但是由于 1999 年《大纲》规定"专业英语课原则上由专业教师承担，外语系（部、教研室）可根据具体情况配合和协助"。在实际操作中，外语教学部门的配合和协助基本上是一句空话，ESP 课程完全成了专业课教师的副业。可能是《大学英语教学大纲》对 ESP 的定位不明导致各个学校教务部门对它的认识五花八门。以同济大学为例，在 42 个开设有 ESP 课程的专业中，有 21 个把它列为专业基础课，15 个把它列为专业课，还有 6 个把它列为公共基础课。同济大学的情况在全国高校中很有代表性。作为专业课或专业基础课，ESP 课程理所当然应该由专业课老师来组织教学。而作为公共基础课（大学英语课程的一个分支），则应该由英语教师来组织教学。从 ESP 的全称 English for specific purposes 来看，它首先是一门英语课，应该由英语教师来承担。无论是英国、美国等英语国家还是新加坡、罗马尼亚等英语水平较高的国家都把 ESP 课程作为英语教学的一个分支，由英语教师来承担教学工作。而在我国，由于定位的不明确，ESP 课程一小部分由英语教师承担，其余大部分由专业课教师包揽，使从事 ESP 教学的教师主要有这样两类：

第一类教师：在服务前 (pre-service) 以学文学为主，后从事 EGP 教学。由于教学计划改变，或为满足学习者新的需要，转向一些较热门的专业英语，如法律英语、商务英语、科技英语等。由于本身不是某一话语共同体的成员，给教学带来一定的局限性，如不完全熟悉该专业的业务，无法了解学习者的各种需要，不精通该语言体裁的特点或词汇特点，容易将专业学科教学上成英语的辅助课，使语言教学易走弯路，不但费时、低效，甚至误导学习者。

第二类教师：在许多高校，专业英语都是由某一系或专业的英语水平较高的专业教师承担，这些教师的优势是熟悉本专业的词汇与交流机制，既是目标话语共同体的成员，又是该专业的行家里手。但是专业课教师讲授 ESP 课程有很多缺陷。首先，教师自身的英语应用水平和教学水平值得怀疑。不能否认少数专业课教师有较高的英语应用水平，就如汉语讲得好的人不一定会教中文一样，他们是否有能力组织有效的 ESP 教学，还很难说。更何况，英语应用能力强的教师不一定被安排去教 ESP 课程，这就不可避免地使相当一部分教学任务落到了英语应用能力本身还存在问题的教师身上。同济大学的相关调查表明，不少从事 ESP 教学的专业课教师对自己的英语能力信心不足，多数老师只用传统的语法翻译法教学。同济大学作为全国排名靠前的重点大学，情况尚且如此，那么众多不如它的高校情况如何，就不言而喻了。其次，专业课教师无论是教学还是科研，都把主要精力放在自己的专业上，ESP 课程只不过是"副业"而已，花在上面的精力非常有限，这直接导致 ESP 教学方法呆板、教学效果差、科研停滞不前。而对 ESP 教学和科研有兴趣的英语教师则苦于没有机会从事教学实践，即使搞科研，也只能纸上谈兵，无法理论联系实际。

另据韩萍、朱万忠等调查，由于 ESP 对教师有专业与语言的双重要求，许多高校的专业教师，由于他们自身语言底子不足又缺乏语言教学经验，选择的教学模式主要还是"翻译+阅读",很少涉及语言综合技能的全面训练,在课堂中扮演的角色仍然是"以教师为中心"的"传道授业解惑者",学生也只是知识的被动接受者;同样,由语言教师担任ESP课程教学工作,由于不懂相应的专业知识和ESP教学之于EGP(通用英语)的特殊性,也难以胜任。ESP师资选择陷入两难的境地。陈冰冰对温州大学师生的访谈发现,许多教师对ESP教学没有组织设计交际任务或活动,仍使用传统的呈现式、灌输式教学法或使用精读或阅读的教学模式进行教学,整个课堂只有来自教师的输入(input),忽视了学生对所学语言的输出(output),"哑巴英语"现象仍然没有得到改观。受大学英语四、六级考试的影响,全校外语教师普遍重视基础英语,从事ESP教研的教师寥寥无几,这在该校2004年度校级ESP教研立项的项目数量就可以看出:总共39个项目中,有关大学英语的有六个,而有关ESP的只有一个(《英美报刊选读》教学创新之探索)。同样,其他高校也存在着厚此薄彼的现象。

99《大纲》中要求的各校"要逐步建立起一支相对稳定的专业英语课教师队伍,成立由学校领导和专业英语教师组成的专业英语教学指导小组,统筹、协调、检查专业英语教学方面的工作",明示了ESP师资力量不稳定的突出问题。一般院校很难找到既通某种专业又通外语的"全科教师"。一般的英语教师缺乏必要的专业知识,讲授的深度和广度受限,加之基础教学任务重,压力大,无力担此重任;而专业教师对于大学英语教学的内容不熟悉,对学生在基础阶段所接受的训练及掌握的语言知识、技能了解不多,在讲课中出现该讲的没讲,不该讲的又重讲的现象,加之自身英语水平的限制,不利于指导学生的专业英语阅读。

尽管专业课教师和语言教师的合作一直为ESP研究者所提倡,可是王蓓蕾在对同济大学ESP教学情况调查中发现,ESP教师都是专业课教师,其中只有两位和其他教师合作教学。他们的教学重任仍在专业课上,他们认为ESP课程备课量大,对教师有专业和语言的双重要求,费时费力,不如上专业课有成就感,师资队伍不稳定。甚至一些高校或推迟开课的时间,或索性根本不开设ESP课程。

事实上由于长期以来ESP在大学英语教育中的定位模糊不清,像上文提到的选择教师的尴尬仍在继续发生,围绕着这个话题的讨论也在继续进行。章振邦教授指出:"现在的问题是我国的普通英语教学太长,对专业英语重视不够,从小学到中学到大学学的都是普通英语,所谓'四级''六级'测试,都是在测试普通英语的水平。大学英语教学迟迟不与专业挂钩,怎能要求学生毕业后走上需要专业英语的工作岗位能够胜任愉快?"刘法公指出,中国英语教学界对基础英语和专门用途英语教学之间存在不少模糊的认识,认为英语教学的任务就是培养学生基础的英语技能。目前,我国许多高校的现状是重视基础英语,忽视ESP教学,极大地影响了学生综合英语能力的培养。著名学者秦秀白教授认为我国ESP教学尚未进入成熟阶段,一个主要原因是没有解决好ESP在大学英语教育中的定位问题。

各专家、学者都曾就此提出自己的解决方案,刘润清建议给大学英语教师举办师资培训班;黄建滨和邵永真认为应"选派英语功底好的优秀专业课教师担任专业英语课的教学任务,并在待遇上给予特殊政策";蔡基刚则认为ESP教学应"主要由外语教师来承担,而双语课可由专业教师授课";还有学者提出鼓励年轻的具有硕士学位的外语教师攻读其他专业的博士学位,加强和双语课程专业课教师的业务合作等。

笔者认为长期以来我国外语师资培养结构不合理,ESP教师教育专业空缺造成了专业人才的缺失。传统的师范外语专业知识结构单一,偏向纯语言知识的传授,学科知识与跨学科知识互不挂钩,外语师资与专业师资培养各自为政,忽视了"ESP as a multi-disciplinary activity"的事实,缺乏对英语作为国际性语言应与时俱进、与世界经济全球化同步发展的前瞻性考虑。当然,我国个别高等院校已经注意到这一问题,并实施了一些对应措施,广东外语外贸大学就开设了法律英语的博士点;其商务英语学院每年还派送商务英语教师赴英国兰开夏大学攻读国际商务英语教学或工商管理硕士学位;上海外贸学院定期派送英语教师到英国进行ESP师资培训。这些做法当然值得极力推荐,可是就国内大部分高校目前的条件来讲,还是不太现实,即使能够做到,也是杯水车薪,解决不了整个问题。

除大纲和师资问题外,教材的问题也相当严峻,不容乐观。开展专门用途英语教学必须依靠合适的系列教材。没有一系列科目适当、难度适中、语言适宜的专门用途英语系列教材,就无法保障教学质量。国家教委没有组织各系统各专业统一编写专业英语教材。基本上每个学校以自行编写或选编为主,教材没有统一的教学目标,缺乏统一的指导思想,存在着较大的盲目性和主观性。各教材之间缺乏内在的连贯性与系统性,更少考虑到所选教材之于教学法的可操作性。有的教材是国外专业书的片段拼凑;有的只有课文,没有练习;有的只注重专业知识,完全忽略了英语语言的训练。大多数是民间自发独立或联合编写的杂乱无章的教材。部分ESP教材的编写者从事通用英语教学,没有受过有关ESP知识的专门训练，对 ESP 的核心指导理论——"真实性"的理解不够完全，认为真实的语料仅指真实的书面语篇，忽略了听、说等真实的语篇、真实的课堂活动的运用和对语言教室交际场景文化真实的设计以及对学生真实学习策略的培养。一些教材虽然运用了真实阅读语篇，但内容陈旧，不能充分调动学习者的积极性，教学效果不理想；某些教材练习仍然以语法、词汇、翻译等传统练习为主；还有一些则全盘采用外国杂志上的原始材料，难度大大超过学生已有的语言与专业水平，阻碍了课堂交际活动的安排。更严重的问题是，教材几乎全是由教师在课前选定，学生对教材的选择没有发言权。任何 ESP 课程的设计都要以学习者需求为基础去进行，而在我国，ESP 需求分析对绝大多数课程设计者来说还是一个陌生的概念，更不用说有人去做了。没有需求分析，课程设计者对各个领域的 ESP 课程是否有必要开设缺乏概念。比如，该以使学生达到什么程度为培养目标，达到这一目标需要多少学时，应该采取大班上课模式还是小班上课模式等。因此，就出现有的专业安排 ESP 课程，有的专业则没有，学时差异也很大，无论专业本身对听、说、读、写要求如何，都采取大班上课模式。

目前，组织人力编写出较为完整、统一的专门用途英语教材是亟待解决的英语专业学科建设问题。近几年来，宁波大学、汕头大学、广州外语外贸大学、北京外国语大学的专门用途英语教师已陆续编写并出版了《现代国际商务英语》《报刊英语》《旅游英语》《国际商务英语》《国际金融英语》《商贸法规英语》等教材并同时开设相关课程，这一尝试值得借鉴推广。

鉴于师资匮乏、教材滥用等问题，很多院校的专业阅读课迟迟不能开设。即便开课，课时也不能保证，收效甚微，形同虚设。王蓓蕾在对《同济大学 ESP 教学情况调查》一文中指出："调查表明，从总体来看，62% 的学生能看懂原版资料，但遗憾的是，80% 的学生却无法用英语交流相关信息。看来 ESP 教学仍停留在专业阅读阶段。各专业的差异也较大，如地质学专业 70% 的学生能看懂原版资料，而给水排水工程竟有 50% 的学生看资料有困难"。

ESP 课程具有边缘性，是专业内容与英语语言技能培养的结合，各个领域的内容差别很大。目前我国多数 ESP 课程缺乏教学大纲，虽然 85 年、99 年的《大学英语教学大纲》对 ESP 课程做出了一些指导性的规定，但过于笼统，不能算作真正意义上的教学大纲，况且每个领域（如医学、法律、计算机、金融等）的 ESP 内容各不相同，不可能共用一个大纲。教学大纲的缺乏使教师对教材的选取和讲授内容的多少自由度过大，责任心欠缺的教师可能会偷工减料，使教学内容大打折扣，即使责任感强的教师，也会由于对课程的认识不一致而影响教学内容和效果。教学必须要有相应的评价机制，ESP教学不同于一般的教学，不能用一般的教学评价机制来衡量，需要建立客观、公正、符合ESP教学规律和特点的评价机制，而大多数高校还没有建立起相应的ESP教学评价措施，使教学长期处于无人监管的状态。

教学发展的停滞不前使有关部门认识到问题的严峻性，在ESP教学举步维艰、效果不佳的情况下，转而把希望寄托到双语教学上。教育部办公厅在2001年9月下发了《关于加强高等学校本科教学工作提高教学质量的若干意见》（以下简称《意见》），《意见》强调："积极推动使用英语等外语进行教学，按照教育面向现代化、面向世界、面向未来的要求，为适应经济全球化和科技革命的挑战，本科教育要创造条件使用英语等外语进行公共课和专业课教学。对高新技术领域的生物技术、信息技术等专业，以及为适应我国加入WTO后需要的金融、法律等专业，更要先行一步，力争3年内，外语教学课程达到所开课程的5%~10%。暂不具备直接用外语讲授条件的学校、专业，可以对部分课程先实行外语教材，中文授课，分步到位。"这里所说的外语教学即双语教学。有关部门及高等教育界人士对双语教学提高学生ESP应用能力寄予厚望，但在具体的教学操作中，双语教学依然困难重重，成了很多学校教学上的一个死结。湖北大学的一位负责人在该校接受教育部评估前无奈地说："我校各项指标都能得A，唯独双语教学率不及格。"接着，2004年颁布的新的《大学英语课程教学要求（试行）》，虽然强调教学要与学生未来工作需要相结合，但对ESP教学几乎没有明确的提及。大学英语教学依然沿袭通用英语一统天下的套路，ESP教学似乎已被淡忘，无人问津了。

ESP在中国已有几十年的发展历史，遗憾的是出于种种原因，它依然未能挣脱大学公共英语和专业课程的羁绊。传统的"语言中心"和"教师中心"的教学法仍然根深蒂固，ESP课程不免处于尴尬的境地，既不能满足学生提高语言能力的要求，也无法和专业课的重要性相提并论。时至今日，ESP依然在夹缝中苦苦挣扎，祈求能有一片完全属于自己的生存空间。

二、英语基础知识教学中的问题

（一）语音教学中的问题

我国的英语语音教学主要存在五个问题：对语音教学的内容和任务把握不够、对语音教学重视不够、教师语音不标准、对语音教学的长期性认识不够、学生的语音练习机会太少。下面我们就对这五个问题分别进行说明和分析。

1. 对语音教学的内容和任务把握不够

语音教学的内容不仅包括字母、音标和拼读，还包括语流、语调、重音等。但有的英语教师只关注前面几项内容，而忽视了后面几项，这就很容易造成学生发音尚可，拼读也还熟练，但语流不畅，语调不过关，最终影响朗读、口语能力的发展。这是因为，语调、重音等因素对语义的影响有时比单个音素还要大，而且也对学生语感的培养极为重要。因此，英语语音教学不能只停留在单个音素和单词读音的层面上，还应帮助学生在音长、重音、语调、停顿、节奏等方面打下坚实的基础。

除了知识性的传授以外，语音教学中教师必须使学生具备以下几种能力。

（1）能够听音、辨音和模仿语音。

（2）能够将单词的音、形、义联系起来，并能迅速作出反应。

（3）能够按照发音规则将字母及字母组合与读音联系起来。

（4）能够迅速拼读音标。

（5）能够将句子的读音和意义直接而快速地联系起来，从而达到通过有声言语进行交际的水平。

（6）能够朗读文章和诗歌。

2. 对语音教学重视不够

语音不仅是语言的基本要素，更是语言赖以存在的基础。可以说，世界上所有的语言不一定都有文字形式，但一定有各自的语音。因此，英语语音教学也应该是整个中学英语教学发展的起点。然而在实际教学中，对语音重视不够的情况并不少见。这一现象不仅表现为对学生的发音问题（如浊辅音发成清辅音、短元音发成长元音等）不认真纠正就放过；还表现为学生的语音基本技巧不纯熟，无法快速地将字母和语音联系起来，达不到直接反应的水平。总之，对语音教学的重视不够往往直接导致了学生语音基本技巧自动化程度不够。

这一问题不仅阻碍了英语的后续教学,更影响了学生的语言能力和各项语言技能的发展。有调查显示,我国英语教学存在两极分化的现象,包括班与班、校与校、地区与地区的宏观分化和班内学生之间的微观分化。这种分化无不与语音教学有着莫大的关联。因为如果语音基础不好,读单词就会有困难,不会读或读不准单词也会直接影响到单词的记忆和积累。而词汇量不够的话,阅读也就困难重重。另外,语音基础不好就无法将音、义快速联系起来,这也给听力学习造成了很大的困难。而英语听力能力的薄弱不仅会导致听力学习效果不佳,教师如果用英语授课,学生也难以跟得上,最后连听课都困难,就只能放弃英语学习。

3. 教师语音不标准

作为语言的基本功,语音看起来简单,但实际上要想做到发音准确是十分不易的。部分英语教师自身也存在发音不准确的问题。还有一些英语教师不分英式发音和美式发音。这在中国人看来似乎没什么,但在英语本族人听来就十分怪异了。要想解决这些问题,教师必须自觉地提高英语水平,进行一定的专门发音训练。此外,也可以使用录音机等教学工具,一方面保证语音的准确性;另一方面也能保证每位学生都能听清楚,从而起到正音、正调、提高学习兴趣的目的。

4. 对语音教学的长期性认识不够

英语教学是从语音教学开始的,但这并不意味着语音教学只存在于英语教学的初期。事实上,语音教学应该贯穿整个英语教学。这点常为一部分教师所忽视,导致学生的语音越来越差。高年级学生反而不如低年级学生敢于开口讲话。这些问题的产生都和教师对语音教学的长期性认识不够有很大的关系。因为语音是一种技巧性能力,"久熟不如常练",语音的学习自然就需要经常练习。不仅要指导学生练习,教师自己也要不断地进行纠音和正调。当然,入门阶段以后的语音教学大多是融入语法、词汇、句型、课文教学和听、说、读、写训练之中的,虽然并不明显,但却体现了英语学习的综合性质和科学规律。

5. 学生的语音练习机会太少

语音练习机会少是英语语音教学中的一个显著问题,也是学生英语语音学习效果不佳的一个重要原因。要想解决这一问题,首先,要坚持听音在先,听清、听准、听够,然后再模仿发音或读音。其次,教师可在纠正语音的时候画龙点睛地讲一些语音知识和练习诀窍,如设计单音成组比较练习,音调、词调、句调结合练习，或英汉语音对比练习等。此外，教师还应注意学生普遍存在的语音问题，并有针对性地对学生进行"发声"指导，帮助学生纠正这些语音问题。

（二）词汇教学中的问题

我国的英语词汇教学主要存在四个问题：教学方法单一、忽视学生主体地位、缺乏实际生活体验、缺乏系统性。下面我们就对这四个问题分别进行说明和分析。

1. 教学方法单一

词汇是学生在英语学习过程中最感头疼的部分。词汇的记忆和使用往往令学生感到枯燥、乏味。而综观我国的英语词汇教学可以发现，大部分教师依然采用传统的教学方法，即"老师领读—学生跟读—老师讲解重点词汇用法—学生读写记忆"。这种教学方法单调、乏味，学生处于被动的学习地位，这无疑加剧了学生对词汇学习的抵触情绪，词汇教与学的效果都不会太好。

面对上述问题，教师必须重视教学的改革，采用多样、有趣的词汇教学方法来调动学生的积极性，提高学生学习词汇的兴趣。例如，教师可以利用实物、多媒体等教具来呈现和讲解词汇，从而达到抓住学生的注意力，提高他们的词汇学习兴趣的效果。

2. 忽视学生的主体地位

随着英语教学的不断发展，越来越多的人认识到学生在英语学习中的主体地位。然而，这种主体地位在实际的英语教学中仍未得到很好的体现，词汇教学也不例外。词汇教学本应注重对学生智力的开发，重视对学生的观察力、记忆力、想象力、思维能力以及创造能力的培养。而现实状况却是"教师只顾教，忽视学生学"。教师大多采用填鸭式教学，将词汇的发音、意思、搭配等知识灌输给学生，要求学生死记硬背下来，而忽视了对学生主观能动性的激发。实际上，学生的词汇学习到达一定阶段后大多已经具备了一定的英语词汇基础，且有能力对相关的词汇规律进行归纳和总结。因此，教师不应继续"独揽大权"，而应发挥引导作用，使学生逐渐能够独立思考和总结、发现词汇规律、掌握词汇学习的方法，这样的词汇学习才能更加长久、有效。

3. 与实际生活联系不够

词汇教学方法的单一导致词汇的呈现、讲解大多局限在黑板和教师的口头讲述上，这也意味着其与实际生活的联系也十分微弱，而不能使词汇学习与学生的实际生活联系起来就难以引起学生的词汇学习兴趣,也无法因材施教。

为解决这一问题,教师就要将词汇教学和实际生活多加联系。例如,教师可将所授词汇放在一个真实的语境中来呈现或讲解,也可以适度扩展一些学生感兴趣的词汇,还可以补充一些和所教词汇相关的课外内容,并作适当的引申。学生只有认识到所学词汇的实用性,才会产生强烈的学习动机,词汇学习的效果才会更好。

4. 缺乏系统性

英语词汇的教与学都可以按照一定的系统来开展。把握好这种系统性有助于加强词汇之间的联系,从而提高词汇教学的效率和效果。然而,目前我国大多数的英语词汇教学都严重缺乏这样的系统性。肖礼全曾指出:"从小学到中学再到大学,所有的英语课本所包含的课文,其内容的主题都没有一个系统可循,几乎每一册课本都可能包含十个甚至更多的主题,如生活常识、人物事件、生态环境、旅游观光、社会道德、天文地理、历史经济等。"由于这些课文没有共同的主题,其所包含的词汇也就缺乏共同的纽带和轴心,学生能够依附的知识体系繁杂,因而也就无法形成一个可以展开或聚合的体系。这就容易导致学生在应用、记忆、复述、联想这些词汇时陷入一种无章可循的散乱状态,最终导致学生的英语词汇学习效果不佳。

要解决这一问题,教师就应将词汇教学纳入知识系统学习的轨道,用专门的知识系统来引领和组织英语词汇学习。例如,定期按照一定的标准(如相同主题、反义关系、相同语境等)对所学词汇进行归纳总结,这样学生才能更加有效地理解和使用词汇,词汇教学才会取得更大成效。

(三)语法教学中的问题

语法是构筑一切语言的奠基石,是语言教学和考试中必不可少的部分。语法教学效果的好坏直接关系到学生对语言的理解和应用能力的高低。就我国目前的英语语法教学现状来看,其中存在五个问题:教学环境差、教学方式单一、教学时间不足、语法地位降低、教学缺乏系统性。下面我们就对这五个问题分别进行说明和分析。

1. 教学环境差

语言环境对语法教学的影响很大。若语言环境有利,则便于学生在真实的语境中理解和使用语法。若语言环境不利,就会对语法教学造成很大的阻力。在我国,英语教学是在汉语的环境下进行的,而英汉两种语言又分属于不同的语系,这就使英语语法教学处于一个不利的语言大环境之中。另外,国内大部分英语语法课堂教学中,教师大多采用汉语授课,更加大了语言环境的不利影响。学生在缺乏语境的情况下,对语法的理解和掌握不够深刻,只能机械地记忆教师教授的语法条目,却无法真正掌握其使用方法,以致错误频出。要想解决这一问题,教师应尽量用英语授课,并注意结合真实的语境来教授语法,便于学生的理解、记忆和使用。

2. 教学方式单一

"先讲语法规则,后做练习"是我国英语语法教学中最常使用,甚至是唯一的教学方法。然而,这种教学方法使学生处于被动的接受地位,无法调动学生学习的积极性。这种教学方法往往会令学生感觉好像听懂了、会用了,可是要使用的时候又感觉很陌生,总是遇到这样那样的问题。尤其是当几个语法现象共同出现的时候,学生往往就会不知所措。因此,面对复杂而繁多的语法条目,教师务必要注意教学手段的多样性,以激发学生的学习兴趣,深化学生对语法条目的理解,实现语法教学效果的最大化。

3. 教学时间不足

在缺乏英语大环境的基础上,我国英语语法教学要想取得成绩,主要靠课堂教学效果。然而,英语课堂教学除了涉及语法教学以外,还涉及语音、词汇、听力、口语、阅读、写作、翻译方面的教学,这样一来,用于语法教学的时间就少之又少了。教学时间的不足也是制约英语语法教学效果的一个重要因素。

要想解决这一问题,我们不能硬从其他语言知识和技能的教学中挤时间,而应将语法教学与听、说、读、写、译的教学融合在一起,这样就大大增加了语法教学的时间和效果,同时也不影响语言技能的教学,可谓一举两得。

4. 语法地位降低

近几十年间,英语语法教学经历了从"天上"到"地下"的巨大变化。早些年,语法教学是整个英语教学的重点,甚至还有教师将二者等同起来。一时间,语法教学的地位"无人能及"。然而随着由此观点指导下的英语教学弊端逐渐暴露,大量淡化英语语法教学的现象也随之逐渐显露。导致这种现象产生的原因有两方面:①有人认为,学生小学就开始学语法,到大学阶段语法学习已基本完毕,无须重复;

②还有人认为,试卷中考查语法的题目较少,分值比重也很少,不值得花费太多的精力去学习。事实上,这两种观点均失之偏颇。下面我们就对这两种观点分别进行评述。

第一种观点将语法学习的时间长短和学习内容的多少、学习效果的好坏等同起来,这是不正确的。学习时间长并不代表学到的就又多又好。即使学生掌握了初、高中全部的语法内容,也并不意味着他们能够理解所学语法项目的全部用法。因为中学阶段的很多语法项目有时并不适用于大学阶段遇到的一些语法现象。例如,中学时期学习的条件状语从句的使用要求是"从句用一般现在时,主句用一般将来时"。但是当学生日后遇到类似下面的句子时,就会难以理解。

If it should fail to come, ask Marshall to work in his place.

本例中,不管主语的人称和数如何,从句动词一律采用"should+不定式"的形式,而主句动词则可根据语义意图采用不同的形式。其中,should表示一种不太肯定的婉转口气,并不影响条件的真实性。条件状语从句的这种用法在初、高中时期并不多见,学生仅靠对条件状语从句的一般认识是无法彻底理解本句含义的。

由此可知,尽管很多语法项目看似学过,但往往包含了多种用法和意义。这些用法和意义显然无法在英语学习的初级阶段就全部学到。如果学生不能深入、持久地学习和更新语法知识,就很难理解那些看似熟悉的语言现象。

第二种观点本身就是目光短浅、只见表面不见本质的。尽管英语考试中直接地考查语法的题目所占分值不高,但作为语言构成的基础,语法无论是对英语学习还是对英语考试而言都具有极为重大的意义。这是因为,任何句子的分析和理解都离不开语法。无论是听力、口语、阅读、写作还是翻译,没有扎实的语法基础,学生就可能听不懂、说不对、看不明白、写不出来、翻译错误甚至翻译不出来。可以说,英语测试就是建立在语法基础上的,对学生语法的考查其实贯穿了英语考试的始末。

5. 缺乏系统性

语法教学系统性的缺乏体现为,学生虽然对个别语法条目非常熟悉,却对与之相关的语法条目及其之间的差别与联系没有一个鲜明而完整的印象。例如,有一定英语基础的学生都能说出一些语法名词,如现在分词、过去分词、一般现在时、一般将来时、虚拟语气、独立主格等,但是如果让学生回答英语语法中有多少词类、几种时态、几种语态等问题,他们往往回答不上来。这种系统性的缺乏对学生全面、深刻地理解和使用语法知识而言是极为不利的。要想解决这一问题,教师应在语法教学过程中,对学过的语法项目多加总结,以帮助学生形成一个完整的语法体系概念。

二、英语听、说教学中的问题

(一)听力教学中的问题

我国英语听力教学中存在的问题主要有:学生畏惧听、听力基础薄弱、教学模式单一、缺乏适度引导、教材现状不佳等。下面我们就对这几个问题分别进行说明和分析。

1. 学生的问题

(1)畏惧听。听力是一种综合的语言能力。听力技能的培养涉及理解、概括、逻辑思维、语言交际等能力的培养。但在实际英语听力教学中,很多学生因为跟不上语音材料的语速,且思维缓慢,而不能使听到的语音转化成实际的意义,因而听力效果不佳。也正因如此,学生对听力学习总是心存畏惧。

(2)听力基础薄弱。学生听力基础的薄弱体现在多个方面。

①英语基础功底差。很多学生即使到了大学阶段,所掌握的词汇量、语法仍然十分有限,对语音的识别能力还很欠缺。这些都直接成了听力的重大障碍。

②缺乏英美文化知识。听力材料中不可避免地会包含一定的文化信息,而学生对英语国家的历史文化、自然地理、风土人情、思维方式、行为习惯等不了解,就势必会影响听的效果,甚至会产生错误的理解。

③不良的听力习惯。我国的英语教学具有很强的应试性,这种环境不利于学生养成良好的听力习惯。另外,学生在课外也很少练习听力,因而导致他们的听力能力欠佳。

以上这些听力基础的欠缺积累在一起也会导致学生产生怕听的情绪。

2. 教师的问题

(1)机械的教学模式。当前我国英语听力教学多采用"听录音—对答案—教师讲解"的教学模式。这种模式下的听力教学不仅缺乏对学生的有效监督,而且忽视了学生对于语篇的整体理解,只是毫无目标地、机械地播放录音,一遍不行就放第二遍、第三遍，教师盲目地教，学生盲目地听，丝毫无法产生听的兴趣，教学效果自然不佳。

（2）缺乏适度引导。在应试教学的影响下，英语听力教学也多是围绕考试这个指挥棒而转的。教师大多将教学重点放在如何应付考试上，以考试的方式训练学生的听力能力，而不对学生做任何引导就直接播放录音。这就很容易使对生词、相关的知识背景等尚不熟悉的学生在听的过程中遇到种种障碍，不仅降低了听的质量，而且使学生产生挫败感，因而对听力学习失去信心和兴趣。

与之相反的是，有的教师总是在播放录音之前对学生进行过多的引导，不仅介绍了生词、句型，还将材料的因果关系等一并介绍给了学生。这样一来，学生即使不用仔细听，也可以选出正确答案，这就很难激起学生听的兴趣，听力教学也就失去了意义。

由此可见，如何对学生进行适度的引导是关系听力教学质量的一个重要问题，太多或太少都会影响教学效果，教师应根据实际情况进行把握。

3. 教学条件的问题

（1）听力时间不足。由于大多数学生很少在课下积极主动地练习听力，因此，听力学习的时间主要集中在课堂上。而一节课时间有限，而且也不可能全部用于听力，因此，学生能够听的时间其实很少。而听作为一种综合性技能，它的提高并非一朝一夕能够实现的，这就造成学生听力水平提高缓慢。

（2）教材现状不佳。教材是教学得以开展的重要依据，对教学大纲以及练习的设计和安排有着直接的影响，对教学活动的开展起着关键的作用。好的听力教材不仅可以丰富学生的文化素质，还可以开阔学生的视野。但我国很多学校使用的听力教材存在内容陈旧、编排不合理等问题，不能反映迅速变化的时代，也无法体现最新的教学思想和教学方法，这也是我国英语听力教学效果迟迟得不到提升的一个重要原因。

（二）口语教学中的问题

随着经济、科技、政治等各方面的全球化发展，人们需要用英语进行交际的机会也日益增加。口语教学引起了越来越多的人的重视，而我国学生的英语口语交际水平与实际的需要还相差很远，"哑巴"英语现象普遍存在。造成这一现象的原因在于英语口语教学中存在诸多问题。下面我们从学生、教师、教学条件三个角度来分析英语口语教学中存在的问题。

1. 学生的问题

（1）语音不标准，词汇匮乏。受汉语语言环境的影响，语音基础不好的学生有的发音不准，影响了语义的表达；有的带有地方口音，听起来十分可笑；还有的不能正确使用语调、重音等，直接影响了英语口语语音语调的标准性。另外，由于缺乏练习，学生往往很难将学到的词汇用在口头表达中，而造成无话可说或不知如何去说的尴尬。

（2）心理压力大，缺乏自信。受应试教育的影响，初、高中的英语教学将重点放在了阅读和写作的训练上，而忽视了英语口语的教学。这就使学生即使日后意识到了口语的重要性，也总是心虚、不自信。虽然有些学生的口语能力不像他们想象的那么差，却仍然不愿意开口说英语。即使有一小部分学生愿意做口头交流，也总是带有紧张不安的情绪，担心自己说错、被批评、被耻笑，更不要说那些发音不好的学生了。这些负面的情绪和压力对学生口语能力的提高显然十分不利。

2. 教师的问题

（1）教学方法滞后。我国的英语口语教学是作为英语整体教学的一部分而出现的，而并未被独立出来进行专门教授，因此英语整体教学中存在的问题也直接体现在口语教学上，其中教学方法滞后就是一个重要的问题。口语教学中，教师也习惯性地采用传统的"讲解—练习—运用"的教学模式。这看似体现了教学的规律，实际上却制约了学生说的积极性。在此教学模式下，学生只能被动地接受教师所讲授的词汇和语法知识，在没有语境的情况下做大量机械的替换、造句等练习，这样根本无法有效地锻炼口头表达能力。

（2）汉语授课。提高英语口语能力的一个重要方法就是多听、多说。然而，很多英语教师考虑到学生的英语水平参差不齐，为了使所有学生都能跟得上教学进度，而不得不放弃英语授课，这无疑恶化了英语使用的环境，减少了学生用英语进行交际的机会。另外，为了追赶教学进度，应付大学英语四、六级考试，教师也多用汉语讲授知识点。

3. 教学条件的问题

（1）课时不足。口语教学的一个显著而直接的问题就是教学时间得不到保证。口语能力的提高需要花费大量的时间，进行大量的实践，而我国的口语教学被纳入英语整体教学之中，教学多重形式、轻运用，因此口语教学未能得到时间上的保证。

以高校使用的英语教材《新编实用英语综合教程》为例，该教材主要包括五项内容：听、说、读、写、译。每个班级若按45人计算，加上学生参差不齐的英语水平，那么即使分配给口语课2个小时，也显然不足以有太大的"作为"。可以说，教学时间的不足是英语口语教学的硬伤，直接导致了学生的口语能力低下。

（2）缺乏配套教材。有调查显示，我国众高校非英语专业的英语教材大多按精读、泛读、快速阅读、听力等单项技能分册发行，而专门的口语教材却十分少见。大多数教材都将口语训练当作听力训练的延展而附在听力训练之后，其内容也多简短、缺乏系统性。这是很难达到英语口语教学在整个英语教学比重标准的，同时也会使学生误以为口语不那么重要，因而从思想上轻视口语学习。而市场上为数不多的口语教材也多难以担当重任。因为这些教材要么是专门针对某一专业、领域的口语教材，难度极大；要么是有关简单的问候、介绍、谈论天气日常用语的教材，过于简单，无法满足社会各领域对相应口语能力的要求。由此可见，配套教材的欠缺是制约口语教学效果的一个重要因素。

（3）口语评估制度欠缺。评估可以检验教学的质量，是教学中不可或缺的重要环节。我国最常使用、影响最大的评估方式就是考试。例如，小学、初中、高中都有相应的期中、期末考试，大学有英语四、六级考试。然而，这些考试多是对学生听力、阅读、写作、翻译技能的检测，而无法考查学生口语学习的质量。而专门用于检验口语水平的测试少之又少。造成这一现状的原因在于，口语考试的实施与操作都有一定的难度，如口语测试材料难易程度的把握，考试形式的信度与效度等问题等。对此，大学英语四、六级考试委员会在全国部分省市实施了大学英语口语考试，并规定了统一的等级评审标准。显然要想切实提高教师和学生对口语的重视程度，提高口语教和学的质量，仅仅增加大学四、六级口试是远远不够的，但大学四、六级口试制度的出台对于完善英语口语评估制度无疑提供了良好的示范作用。在此指引下，我国将来势必会推出更多、更科学的口语评估方式。

四、英语读、写、译教学中的问题

（一）阅读教学中的问题

阅读教学看似简单，实际上也存在很多问题，主要包括：教学观念错误、教学方法滞后、教材设计不科学、课程设置不合理。下面我们就对这几个问题分别加以说明。

1. 教学观念错误

培养学生快速从语篇当中正确获取所需信息的能力是阅读教学的目的，而在实际的英语阅读教学中，这一目的已被很多教师曲解了。他们经常将阅读教学混同于词汇教学、语法教学。阅读教学中，教师常常过分重视语言知识的传授，抓住一个单词、语法点大讲特讲，阅读教学呈现出"讲解生词—逐句逐段分析—对答案"的错误形式，而忽视了学生对语篇的理解、从语篇中获取信息能力的培养。造成这一问题的根本原因就在于对阅读教学的错误理解，对阅读教学的目标认识不清，因而导致了阅读教学成为语法、词汇教学，学生阅读速度慢、质量差的情况并未得到改善。对此，英语阅读教学必须更正教学观念，将阅读作为一种实用的语言技能进行教授，不仅要传授学生语言知识，更重要的是传授他们语篇和文化知识，同时还要注意提高学生的思考能力、分析能力、判断能力，开阔学生的视野，激发学生对英语阅读、英语语言以及英语文化的兴趣，提高他们英语的综合运用能力和人文素养。

2. 教学方法落后

英语整体教学方法的单一、滞后在阅读教学中也有所体现：教师大多让学生自己阅读完后做题目，然后领着学生对答案，再对错题进行讲解。这种教学方法的应试性比较高，因而显得十分死板，学生的阅读习惯、阅读技巧等均得不到培养，主体地位得不到突出，主观能动性未得到很好的发挥，阅读的实际需求也得不到满足，学习兴趣更得不到培养，最终致使阅读教学收效甚微。尤其是在一些教学条件落后的偏远地区，英语教师对阅读教学的重视不够、研究不足、实践不多，以致难以形成科学、高效的教学方法，大大影响了阅读教学的质量。

3. 教材设计不科学

不同阶段的英语阅读教学会使用不同的教材，这些教材本身大多已经十分成熟，但不同阶段的教材之间却缺乏必要的连贯性，这也是英语阅读教材存在的最主要的问题。具体来说，小学阅读教材注重词汇，中学阅读教材注重语法，大学阅读教材则注重阅读技能的训练。虽然这三个时期的教材各有侧重和针对，符合学生认知和阅读学习的规律，但由于每个阶段结尾与下一阶段的开始缺少必要的承接和过渡，学生一下子很难跟上进度，从而造成阅读教与学的脱节。

4. 课程设置不合理

阅读课程设置不合理也是影响阅读教学质量的一个重要问题。很多学校、教师错误地认为阅读教学是英语教学的附属品，导致阅读课程教学目标、教学计划不明确，阅读教学的课时、课程设计、师资力量以及教学组织都得不到保证，直接影响了阅读教学的效果。

（二）写作教学中的问题

写作教学一直以来都是英语教学的重点，因而相较于其他英语技能而言，发展得更为充分。但其中也存在不少的问题，如教学缺乏系统性、形式重于过程和内容、教与学相互颠倒、重模仿轻创作、课程设置不合理、缺乏相关教材、批改方法不恰当。下面我们就对这些问题分别进行说明。

1. 系统性不足

写作教学的系统性不足主要表现在三个方面：教学目标不系统、教学方法不系统以及写作指导思想不系统。

（1）教学目标。任何一种技能的学习都不是一蹴而就的，其教学也不可能取得立竿见影的效果。因此，英语写作技能的培养也需要一个循序渐进的系统过程。这种循序渐进首先就要体现在教学目标的系统性上，这是实现英语写作目标的基本保证。

英语写作目标缺乏系统性是因为总体目标（针对学生的生理、心理特征，结合写作教学的自身规律，并在英语课程要求中明确规定的总体任务）与阶段性目标（根据总体目标制定的一系列的阶段性目标）之间互不协调，总目标与子目标之间连贯和衔接的科学性严重缺失。造成这一现状的原因可能是显性目标与隐性目标系统不平衡导致的，也可能是教师对写作的目标体系与学生实际写作之间关系的模糊认识所造成的。无论是什么原因，这种写作总体目标与阶段目标的不协调显然会影响目标的实现。因此，学校、教师都必须克服这些不利因素，把握好英语写作教学的总体目标和阶段性目标。

　　英语写作教学目标之所以难以实现，一个主要的原因就是教师对英语写作教学目标与学生实际之间关系的认识不清。事实上，目标是教师和学生对学习结果的期待，是一个未实现的状态，因此教学目标与学生的实际之间必然存在一定的差距，适当的差距对学生写作能力的提高而言是有利的，而过大或过小的差距则不利于学生写作能力的提高。基于这一点，英语写作教学可被视为帮助学生向目标逼近的过程。英语教师和学生可以借助目标与实际之间的距离，设定一些教学或学习步骤，并熟悉实现每一环节目标的条件、困难和可能性。否则，一旦教师对写作教学的目标与学生实际之间的关系和意义认识不清，就会导致行动和反应上的迟缓，直接影响写作教与学的质量。

　　（2）教学方法。英语写作教学系统性不足还体现在教学方法上。所谓方法，就是一种对活动程序或准则的规定性，是一种能够指导人们按照一定的程式、规则展开行动的活动模式。系统性是英语写作教学方法的内在规定，是有效运用教学方法的重要基础。离开了系统，教学方法也就失去了意义和价值。这是因为，教学方法实际上是整个教学系统的一个子系统。它与教学目的、教学内容以及师生间的互动均联系密切：没有明确的教学目的，写作教学就会迷失方向；而脱离了教学内容，教学方法也就毫无意义；缺少了师生之间的互动性和双边性，教学方法也就没有了价值。因此，不同的教学目的、内容、师生关系应该对应不同的写作教学方法和运作。不同的内外条件，写作教学方法的系统运作会呈现不同的水平和层次。因此，英语写作教学方法的运作必须根据教学系统中的各项组成部分来实施，否则就会造成种种矛盾和冲突，影响写作教学的效率。而对照我国英语写作教学中所使用的教学方法可以看出，这些方法大多是无效的、失败的，因为它们大多不系统、不连贯，缺乏针对性。

　　（3）写作指导。写作指导思想是否系统对写作教学质量的影响极大。写作技能和写作能力的生成虽然需要通过大量的练习来获得，但多练不等于泛练。如果写作练习缺乏目的性，即使花费很多时间也是无用的。另外，从遣词造句到段落和篇章的生成，从撰写记叙文到写议论文，从构思、行文到修改，整个写作是一个由浅入深的系统操作过程。因此，教师对学生的指导也应具有系统性。然而，我国的英语写作教学大多缺乏这样一种系统性。教师教的时候以及学生写的时候都没有一个明确的目标，更没有一个长远的规划，而是跟着教材随机地教授写作方面的知识和技能,这就大大降低了写作教学的效果。

2. 重形式、轻过程和内容

长期以来,我国英语写作教学一直存在重形式、轻过程和内容的问题,导致这一问题产生的原因如下。

(1)欠缺英语思维。英语写作教学中,教师往往强调学生要用英语思维来写作,避免使用中式英语。然而要做到这一点很难。毕竟对中国学生来说,英语是一种外语,汉语才是母语。学生的汉语思维模式已经根深蒂固,要想使英语思维成为习惯是极为不易的。另外,很多人认为,英语写作中侧重语言形式的作用是必然的。所以,在英语写作教学中,重视文句的规范性与文章结构,忽视文章的内容和思想的现象仍然大量存在。部分教师也将文章结构和语言形式看作写作教学的主要内容。而初学写作的学生更是将学会把握文章结构和形式视为写作学习的终极目标。这些最终都使写作的教与学流于形式,很难触及写作的核心。

(2)受历史传统影响。在早期的英语写作中,为了快速写出一篇符合要求的英语文章,人们常常模仿类似文章的语言形式和文章结构来写作。久而久之,教师和学生都将形式作为了英语写作教学的重点,而忽视了写作的过程和内容,写作变成了一种模仿,而非创造。

事实上,内容和过程对于写作来说也是很重要的。一篇好的文章应该具有丰富、深刻的内容,而这些内容仅仅靠对形式的模仿是无法实现的。语言的形式和文章的结构仅是作者表达思想和情感的一种手段。学生能够把握文章的结构和格式固然重要,但如果过分强调它们的作用显然并非好事。因为文章的思想和观点是写作和写作教学的根源,而文章结构和语言形式则是写作和写作教学的支流,根源上得不到保证,支流显然就失去了存在的基础。因此,英语写作教学必须处理好源与流、本与末、主与次的关系,在注重写作形式教学的同时还要重视写作内容的教学以及学生写作能力的培养。

3. 教与学相互颠倒

写作教学也并非一种知识性课程,学生的写作技能无法靠教师的讲解来获得。原因如下。

(1)写作是一种实践性活动,涉及写作的技巧和能力。因此,写作教学应该以学生的实践和操练为主,以教师的知识传授为辅。

(2)写作教学的目的在于提高学生的写作能力,因此写作应该是一种学生个体的活动，从构思、写作到文章修改，都应该使学生参与其中，教师过多的讲解只会耽误学生的写作时间，进而影响学生写作的积极性和主动性。

然而，我国英语写作教学一直存在教与学相互颠倒的现象，主要体现在以下两个方面。

（1）写作教学中仍存在教师大量讲解理论知识的问题，使学生，尤其是初学写作的学生，很容易觉得写作枯燥、无用，产生厌倦、畏难等情绪，因而丧失对写作的兴趣，最终影响英语写作教学目标的实现。

（2）教师常以自己的写作经验为基础来指导学生写作，常对学生使用一些不恰当的话语指令或规则指导学生，剥夺了学生的话语权，限制了学生的独立思考，简化了学生写作过程的心理体验，遏制了学生写作中的创造性，使他们产生盲从的心理。这显然颠倒了写作教学中的师生地位，而且也很容易使学生在写作过程中在构思、行文和情感体验上出现雷同现象，写作创造能力得不到真正的提高。

4. 重模仿、轻创作

重模仿、轻创作是我国英语写作教学的一大弊病。尽管模仿是写作教学的起始状态，也是学习写作的必经阶段，更对我国学生（尤其是初学英语写作的学生）学习写作起到了促进作用，但模仿并非写作的最终状态。它虽然能够提高学生写作学习的效率，但过度的模仿并不利于学生写作能力的持续发展。因为写作不仅是一种个体的心智行为，更是一种创造的过程。从构思、行文到修改，写作过程始终体现着作者的个性特点与独立思考能力。写作过程中的意义和价值都是由学生创造而来的，一味地模仿必然会抑制学生的写作积极性与主动性，进而影响学生写作动机和兴趣。

5. 课程设置不合理

除英语专业以外，我国部分英语写作教学是被纳入英语整体教学之中的，而并未被独立出来进行专门教授。这就很容易因为课时有限而无法花费太多的时间来组织学生写作。久而久之，学生也会误以为写作学习不是重要的。如此一来，不仅写作教学本身得不到时间上的保障，学生也会产生轻视写作的思想。

6. 缺乏相关的教材

目前我国的英语教材大多是集语音、词汇、语法、听、说、读、写、译于一体的综合性教材，关于"写"的专门教材相对较少。即使在英语整体教学中几乎每个单元都会涉及写作练习，却并未形成一个科学的系统，同时学生也缺乏一定的指导,这对写作学习而言是极为不利的。

7.批改方法缺乏有效性

作文批改的方式方法也是写作教学中的重点环节。很多教师在批改作文时,重点仍然放在纠正拼写、词汇以及语法等方面上,而忽略了学生在写作过程中思维能力的培养,这会使学生过分追求写作时的语言正误,而忽视了对文章结构、逻辑层次的把握。

另外,教师对学生作文的批语也同样重要。有的教师只是一味地指出学生写作中的错误,而缺少鼓励,这会制约学生写作的主动性,导致他们消极应付、望而生畏,对自己写作中出现的错误不能很好地改正。

8.教学改革滞后

随着英语教学改革的不断深入,英语教师对写作教学也有了一定的新认识。尽管如此,英语写作教学方面的改革仍然相对滞后。学生英语思维能力的多方位、多角度、发散性、创造性、广阔性和深刻性仍然没有得到足够的重视和训练。除此以外,作为英语教学的一部分,写作应和阅读、口语、听力、翻译等方面的教学有机地联系起来,而在实际的英语教学过程中,教师并未真正把写作教学与其他方面的教学融合在一起,而是孤立地教授写作,不利于学生对英语学习的全面认识,也不利于学生对写作学习的深入了解。

(三)翻译教学中的问题

除听、说、读、写以外,翻译也是英语教学必不可少的一个重要组成部分。但在英语翻译教学中存在着很多的问题,既有教师方面的问题,又有学生方面的问题。教师方面的问题主要包括:教学形式单一,对翻译教学重视程度不够;学生方面的问题主要包括:翻译时"的不休",语序处理不当,不善增减词,不善处理长句。下面我们就对这些问题分别进行说明。

1.教师的问题

(1)教学方法落后。教学方法是英语翻译教学的一个软肋。实际的英语翻译教学中,教师常采用"布置翻译任务—批改作业—讲评练习"的方法开展教学。由此步骤可以看出,后面两个步骤都是由教师完成的,学生真正参与的只有第一个步骤。这就使学生处于翻译学习的被动地位,整个学习过程不是在发挥主观能动性的积极思考和探索,而是被教师牵着鼻子走,这显然会使翻译教学的效果事倍功半。

（2）重视程度不够。对翻译教学的重视程度不够主要体现为以下几个方面：

①翻译教学中，教师往往不注重翻译基本理论、翻译技巧的传授，而仅仅是将翻译作为理解和巩固语言知识的手段，将翻译课上成另一种形式的语法、词汇课。

②学生做完翻译练习后，教师大多只是对对答案，对翻译材料中出现的课文关键词和句型等进行简单的强调，而缺乏对学生进行系统的翻译训练。

③就时间而言，教师花在翻译教学上的时间很少，通常是有时间就讲，没有时间就不讲，或只当家庭作业布置下去，由学生自己学习。

④英语教学大纲中对翻译能力培养的要求不具体。

⑤英语考试中虽然包含翻译试题，但其所占的比重远远不如阅读、写作等。

以上这些问题最终致使翻译教学质量迟迟得不到提高。

2. 学生的问题

（1）"的不休"。在实际的翻译操作中，中国学生每每看到英语形容词就自然而然地将其翻译成汉语的形容词形式，即"……的"，导致译文"的不休"，读起来很别扭。例如：

The decision to attack was not taken lightly.

原译：进攻的决定不是轻易做出的。

改译：进攻的决定经过了深思熟虑。

It serves little purpose to have continued public discussion of this issue.

原译：继续公开讨论这个问题是不会有什么益处的。

改译：继续公开讨论这个问题没有益处。

（2）语序处理不当。英语句子通常开门见山地表达主题，然后再逐渐补充细节或解释说明。有时要表达的逻辑较为复杂，则会借助形态变化或丰富的连接词等手段，根据句子的意思灵活安排语序。相比较之下，汉语的逻辑性较强，语序通常按一定的逻辑顺序（如由原因到结果、由事实到结论等）逐层叙述。这种差异意味着将英语句子翻译成汉语时必须对语序作出适当的调整。而很多学生意识不到这一点，译文也大多存在语序处理不当的问题，读起来十分别扭。

例如：

The doctor is not available because he is handling an emergency.

原译：医生现在没空，因为他在处理急诊。

改译：医生在处理急诊，现在没空。

（3）不善增减词。由于语言、文化等方面的差异，翻译时不可能也没必要完全拘泥于英语形式，即逐字逐句地翻译原文。事实上，根据原文含义、翻译目的等方面的不同，译文可根据实际需要而适当增减词。而很多学生并不明白这一点，因而其译文大多烦冗。例如：

Most of the people who appear most often and most gloriously in the history books are great conquerors and generals and soldiers...

原译：在历史书中最常出现和最为显赫的人大多是那些伟大的征服者和将军及军人。

改译：历史书上最常出现、最为显赫者，大多是些伟大的征服者、将军和军人。

（4）不擅处理长句。英语中不乏长而复杂的句子，这些句子大多通过各种连接手段衔接起来，表达了一个完整、连贯、明确、逻辑严密的意思。很多学生在遇到这样的句子时往往把握不好其中的逻辑关系，也不知如何处理句中的前置词、短语、定语从句等，因而译出的汉语句子多不符合汉语表达习惯。例如：

Since hearing her predicament, I've always arranged to meet people where they or I can be reached in case of delay.

原译：听了她的尴尬经历之后，我就总是安排能够联系上的地方与人会见，以防耽搁的发生。

改译：听她说了那次尴尬的经历之后，每每与人约见，我总要安排在彼此能够互相联系得上的地方，以免误约。

第二章　大学英语教学及其改革的状况

第一节　从教学大纲到教学要求

从中华人民共和国成立初期到当前，我国大学英语课程发展一共经历了四个显著的阶段：第一阶段是1949—1977年，这一时期称为初步探索阶段；第二阶段是1978—1986年，称为缓慢发展阶段；第三阶段是1987—2001年，称为快速发展阶段；最后是2002年至今的蓬勃发展阶段。随着大学英语课程进入发展的各个不同阶段，大学英语教学大纲也在不断发展变化。

一、大学英语课程发展历程

从中华人民共和国成立到现在，我国大学英语课程主要经历了四个时期的巨大变化，经历了从水平较低到相对成熟的发展过程。我国大学英语教学史上的第一份英语教学大纲产生于1962年。1962年，为适应初步探索时期英语课程的需要，教育部颁发了《英语教学大纲（试行草案）》（高等工业学校本科五年制各类专业适用）。大学英语教学大纲作为大学英语教学的纲领性文件曾经有过三次修订：第一次于1980年进行修订；第二次1985、1986年所修订的大学英语教学大纲，实际分成了理工科和文科两个大纲；第三次修订是在1999年。2004年大学英语教学大纲退出历史舞台，采用大学英语课程教学要求，由大学英语课程教学要求（简称课程要求）取代大学英语教学大纲，这就是大学英语课程发展的历程。

第一阶段（1949—1977年）是大学英语课程的初步探索阶段。大学英语课程的前身是大学公共外语课程，而大学公共外语课程的开设几乎是与中华人民共和国成立同步的。中华人民共和国成立初期，外语语种的选择很难确定，并非一开始就是以英语为主，而且这一时期大学生规模较小，后来又受到种种干扰。因此，可以说中华人民共和国成立后的30年，公共英语课程教学水平始终处在一个很低的水平上。1962年颁发了中华人民共和国的第一个与英语课程相关的大纲，即《英语教学大纲（试行草案）》（高等工业学校本科五年制各类专业适用），它的颁发体现了大学英语课程的重要性和重要地位。

第二阶段（1978—1986年）被称作大学英语课程的缓慢发展阶段。1978年恢复高考后，大批学生通过高考，走进大学校园，这一时期，人们开始把大学英语课程当作大学基础课程的重要部分。当时的课程情况是授课对象较多，新生英语水平很低，其中甚至有一些人没有英语基础，授课教师大多是从教俄语转为教英语的教师，作为一门公共课程，大学英语教学水平很低，课程目的、课程要求不明确。

这一时期的教学大纲共有三版，分别是1980年的《英语教学大纲（草案）》（高等学校理工科本科四年制试用）、1985年的《大学英语教学大纲（理工科本科用）》和1986年的《大学英语教学大纲（文理科本科用）》。其中，1986年的《大学英语教学大纲（文理科本科用）》较之前出版的高校英语大纲是最为完整、完善以及详尽的，包括对之前大纲的修订和在全国实施标准化考试，是一项庞大的教学科研工程，标志着我国大学英语教学事业进入了一个新的历史阶段。

我们分析这三本教学大纲的特点可以看出，首先，大纲对学生的阅读能力提出了更高的要求，要求学生具备通过英语作为工具来获取专业知识信息的能力。其次，根据社会的发展需要，第一次把听、说、读、写都列入了高校英语课程大纲，提出要重视语言的实际交际能力，这是大学英语课程教学的重大突破。再次，提出大学英语分级课程、分级教学的构想，从大学英语一级到大学英语六级，进行分级课程、分班教学，大纲分别对每一个级别提出了定量的标准。配合大纲试行全国统一的大学英语四、六级考试。

第三阶段（1987—2001年）是大学英语课程的快速发展阶段。1987年，全国大学英语四、六级考试正式开始实行，这是大学英语课程分级教学的评估体系及检查大学英语课程质量的依据。四、六级考试的实施调动了广大师生的英语学习积极性，引起了整个社会的重视，也推动了大学英语课程建设和课程改革的实施。这以后，大学英语教学水平迅速提高，学生英语水平大幅提高，大学英语进入了迅速发展的繁荣时期，这是大学英语课程发展历史上重要的一页。

1999年教育部颁发了《大学英语教学大纲（修订本）》。它的特点是：第一，进一步细化分级教学的课程设置，将大学英语教学划分为基础阶段和应用提高阶段。基础阶段（一至二年级）的教学分为六个级别，称为大学英语一至六级，共有两个层次的论述即基本要求和较高要求。应用提高阶段（三至四年级），包括专业英语（必修）和高级英语（选修）。第二，修订后的大纲不再分文科和理工科两类，新的教学大纲针对的教学对象为全国各类高等学校的本科生。第三，新大纲将各种语言应用能力的培养分为两个层次，第一层次是培养学生较强的阅读能力，第二层次是提高对学生写、说能力的要求，通过培养学生一定的听、说、写、译能力来提高学生主动输出信息的能力。第四，在继承和发展以前大纲优点的基础上，提出了四年不断线学习的要求，解决了前两部大纲后续性差的问题。

第四阶段（2002年至今）是高校英语课程蓬勃发展的阶段。21世纪以来，我国对外开放的力度不断加大，经济文化的对外交往日益增多，促进了我国大学英语课程进一步的发展。从内部看，从1998年起，高等教育实行扩招政策，高校学生的人数以每年8%的速度增长，这是高校大学英语课程改革的内在动因。2002年，为提高大学生的国际交流能力，同时解决扩招带来的师资紧张压力和教学质量压力，教育部决定启动新一轮大学英语改革。2002年12月，教育部以文件形式正式发布了启动大学英语课程改革的通知，从而拉开了新一轮大学英语课程改革的序幕。通知要求我们改变大学英语教学的传统观念和模式，提高大学英语教学质量，提高学生的英语听说读写能力。这对于推动大学英语教学改革的进一步发展起到了重要的作用。在此阶段教育部颁发的课程要求共有两版，分别是2004年颁发的《大学英语课程教学要求（试行）》和2007年颁发的《大学英语课程教学要求》。

2004年的《大学英语课程教学要求（试行）》把"培养学生具有较强的阅读能力和一定的听、说、写、译能力"变为"培养学生的英语综合应用能力，特别是听说能力"。教学上，要求安排一定的学习策略和跨文化交际内容，强调英语应用能力，特别是听说能力的训练和提高；课程设置上，要求将综合英语类、语言技能类、语言应用类、语言文化类和专业英语等必修课和选修课有机结合起来；教学模式上，要求充分利用多媒体和网络技术进行教学。教学模式改革是本次改革的重点。

2007年的《大学英语课程教学要求》与以往的课程要求相比，首先是个性化大语教学及特征突出。课程教学要求规定，由于全国高等学校的教学资源、学生入学水平以及所面临的社会需求等不尽相同，各高等学校应参照课程要求，根据本校的实际情况，制定符合本校学生情况和特点的，科学、系统、个性化的大纲。其次对原来的教学要求的标准作了微调，"较高要求"和"更高要求"的部分指标可以适当放开。在听力理解能力的要求中一般要求由"慢速英语节目，语速为130

词/分钟"改为"130～150词/分钟";较高要求下"题材熟悉、篇幅较长的国内英语广播电视节目语速150词左右/分钟"改为"150～180词/分钟"。

阅读理解能力中将较高要求"能就阅读材料进行略读或寻读"移到一般要求，并将"70词/分钟"改为"70～90词/分钟"。书面表达能力要求中，将原来的"一般要求"和"较高要求"书面表达能力中关于短文"120词"和"160词"的字数规定分别改为"不少于120词"和"不少于160词"。词汇方面，总词量增加了1002个单词，其中"一般要求"新增256个单词，"较高要求"新增520个单词，"更高要求"新增226个单词。

从中华人民共和国成立至今我国大学英语课程顺应历史发展的60余年中经历了一系列的变化。从1962年的《英语教学大纲（试行草案）》到2007年颁布的《大学英语课程教学要求》，大纲的设计更加个性化，这顺应了我国高等教育的发展，有利于课程质量的提高，也利于学生听、说、读、写、译各项能力的综合培养。

二、大学英语课程教学要求

在英语中，教学大纲有curriculum和syllabus之分，前者常指"教学内容、教学方法和教学评估"的总和（Tyler），是教学的总体规划，这一规划中可能还包括具体的课程或课程群（Stem）；而后者则常指属于具体课程的教学大纲，它的主要成分应为课程的教学内容。语言教学大纲分为课程设计和课程大纲两种，根据D.Nunan的研究，课程设计（curriculum design）是国家教育行政部门为指导外语教学而颁布的纲领性文件，主要规定课程的总体目标，同时对教学要求、课程设置、教学计划和评估手段作出指令性的规定。课程大纲（syllabus），是外语教育专家对语言教学达到的水平或能力的规定以及对教学内容或者教学方法的描述，是对具体教学要求、教学内容和教学方法进行的描述。

我国的大学英语教学大纲是课程设计和课程大纲两者的结合，兼有两者的特点。一方面，大学英语教学大纲作为国家对大学外语教学的指导性文件，体现了国家的大学外语教育政策和指导思想；另一方面，大学英语教学大纲根据外语教育专家的研究，规定了语言教学的具体内容和教学方法。

在我国大学英语教学改革的各个阶段中，统一的教学大纲对规范大学英语教学，推动全国大学英语教学发展，提高各高校大学英语教学质量起到了非常大的作用。但是，近些年，我们逐渐意识到，我国幅员辽阔，高校情况也各不相同，师资力量、学生入学水平也存在很大差异，因此，统一的大纲设置很难完全满足各个层次高校和学生日趋多样化和个性化的需要，应该将具体的英语教学过程、教学方法、评估手段交给各个学校自主安排，大学英语课程要求应运而生。大学英语课程教学要求是宏观的教学目标、语言标准和教学评估。它把统一的教学要求和目标分解到了具体的等级目标中，不同地区、不同学校可以根据自己的具体情况来确定本校学生要达到的内容等级。因此各高校在教学内容和教学模式上有更多的空间和选择性，在学时数安排和课程设置上有更多的自主权，各高校可以根据本校的实际情况制定适合本校的大学英语教学大纲。这有利于各高校集中本地教育资源，采取适合本校学生的英语教学模式和教学手段来提高本校学生的外语能力。

课程要求的核心是以人为能力等级的主体，制定一个统一的英语能力标准，按照人的能力可能达到的几个等级设定分级等级，打破了以前教学大纲以分级教学为核心，以教学学期为主体、按学期来设计一到六级的等级设定。按照学生能力水平来设定教学标准和考核标准有利于各高校根据本校学生水平、专业需求、教学条件、专业标准来制定符合本校情况的教学大纲。同时，可以按照不同的专业需要，选择不同的等级考试和考核标准。课程要求的显著特点是用能力等级标准来取代分级教学，这是由统一走向个性、由强制走向选择的过程。没有了统一的分级要求，各个地区和学校可根据自己的等级标准和教学大纲来设计教学和组织考试，这种个性化的评估体系有利于摆脱应试教育的束缚，把更多精力用到培养不同层次学生的应用能力上，更利于大学英语教学的发展。

经过四个主要时期的修订，大学英语教学大纲逐步完善，2007年的《大学英语课程教学要求》成为全国各高等院校非英语专业本科学生课程学习的主要依据，它符合时代发展要求，具有一定的前瞻性。2007年的《大学英语课程教学要求》是一个指导性的纲领性文件，在这个课程要求下，各高校可根据自己的情况来设定本校的课程安排和课程设置，包括基础阶段和提高阶段的课程安排，还有符合本校学生英语水平深度和广度的课程设置。它的长处就是比以前的大纲更具灵活性，更具个性化特征。它只是一个总体思想，具体课程安排、课程设置和课程内容还要根据各校情况、学生水平自行设定。此文件要求全国各高等学校参照《大学英语课程教学要求》，来为本校制定更加科学化的、个性化的、系统化的、具体化的大学英语大纲。课程教学要求同时指出，各高校在课程设置上不光要体现大学一、二年级基础阶段的大学英语教学，还应体现大学三、四年级后续的提高阶段的大学英语教学,这样才能保证大学四年本科英语不断线的构想。具体来说新时期的课程大纲应该围绕五个方面来设定,它们是综合英语类、语言技能类、语言应用类、语言文化类和专业英语类课程,课程变化围绕大纲变化进行。

从大学英语教学大纲到大学英语课程教学要求是从指令性走向指导性,从统一化、规范化走向多样化和个性化的过程。教学目标制定的原则也从单纯考虑语言学习规律转到较多地考虑国家政治、经济的需要上来。大学英语教学要重视培养运用语言进行交际的能力,各个层次的各所高校要根据各自的具体实际来制定个性化的大纲。鉴于全国高等学校的教学资源、学生入学水平以及所面临的社会需求等不尽相同,各高等学校应参照课程要求,根据本校的实际情况,制定科学、系统、个性化的大学英语教学大纲,指导本校的大学英语教学。尽管课程要求因为本身的规定与课程设置的问题,没有真正做到让各高校自由管理本校的大学外语教育,却使我国的大学外语教育从统一化、规范化到个性化和多样化迈出了第一步。

三、新课程要求指导下的教学研究

2007年,《大学英语课程教学要求》正式颁布施行,它在教学要求上有两个突出的转变:第一是以教师为中心的传统教学模式向以学生为中心的多媒体教学模式转变;第二是从培养学生的阅读能力向培养学生综合应用能力特别是听说能力转变。而教学要求的转变也引发了课程设置和学生学习方式的转变,以下内容将从大纲特色、个性化设定和不同需求三个方面对新的课程要求指导下的教学研究进行探讨。

(一)大纲的特色

新大纲突出了坚持分类要求和因材施教的原则。新大纲首次把四级定为全国各类学校均应达到的基本要求,这是新大纲的一大重要特色。同时,将英语教学分为基础和应用提高两个阶段,既符合英语学习的规律,又符合社会的实际需要。大学英语教学具有特殊性,它与学生在中学阶段的学习基础有直接的关系。新大纲根据这一特殊性提出大学英语基础阶段的教学应分级进行,以此来调动不同层次学生的学习积极性,不断提高各自的英语水平,水平较低的同学可以从预备级开始，水平较高、通过六级考试的同学可以进修高级英语，这一点非常有利于不同水平的学生提高英语水平。

确保大学英语学习四年不断线是新大纲的另一重要特色。在英语提高阶段，新大纲安排了专业英语（必修课），并对读、听、说、写、译等几项技能作了具体要求，使应用提高阶段的专业英语教学有了依据。为确保大学英语学习四年不断线并检验学生最终的英语学习水平，新大纲还提出了在学生毕业前进行英语水平考试的设想。其目的是激励学生充分利用在校期间的有利条件不断提高英语应用能力。新大纲既强调打好语言基础，又强调重视语言应用能力的培养。它要求与现行的中学大纲相衔接体现科学性和实用性的原则，反映出社会和学生的实际需要以及大学英语教学的特点。

2. 个性化教学大纲的设定

《大学英语课程教学要求》是为全国大学英语教学提供宏观指导的文件，在这个宏观的教学文件的指导下，各高校根据自己的实际情况，制定自己的总体教学规划（curriculum），并在此规划的指导下制定各课程的教学大纲（syllabus）。大学英语是一门跨学期、跨院系、多品种、多层次的基础性课程。它是一个复杂的课程体系，而不是一门简单的课程。它由一系列子课程或子课程群组成，每一个子课程或子课程群均应有自己的课程教学大纲。大学英语课程体系应该包含两个层次的教学大纲：一个是指导各具体课程和课程群的"学校大学英语教学大纲"，它根据全国的"课程要求"以及学校的具体情况设计，是具有宏观指导性质的政策性文件；另一个则是用于指导各门课程的"课程教学大纲"，主要涉及具体课程的教学目标、教学内容、教学安排、教学方法、教学手段、教学评估等。

其中，教学目标是教学大纲的核心。教学目标是对语言课程希望实现的结果的一般性陈述，它代表课程设计者根据需求和条件分析所提出的希望实现而且相信能够实现的教学目的。教学目标必须是课程设计者所希望实现的和课程设计者相信能够实现的，课程设计者的希望应该同时反映社会、学习者、教师、教育主管部门对英语教学的需求。课程设计者的这种信念应该建立在对已有的以及近期可能实现的教学条件基础之上。因此，实施新大纲既需要注重教学安排，也需要注重教学管理。首先，实施新大纲应有一支高素质的师资队伍，他们敬业爱岗，业务过硬。教师应定期参加培训，更新知识，不断提高自身英语水平和教学水平，定期参加研讨会，了解新形势，跟上新步伐。同时要注重教学管理，在针对不同级别、不同基础的学生采取不同的教学方法、教学内容的同时，也应使用不同的教学管理模式。

在《大学英语课程教学要求》的指导下，高校的大学英语课程不再定义为听说、读、写、译等纯语言技能的课程而应成为一种包含综合英语类、语言技能类语言应用类、语言文化类、专业英语类等必修课程和选修课程的新的课程体系。

在这个体系下，学生的学习方式从完全的教师面授转变为教师面授和网络自主学习相结合，教师面授主要培养学生的英语综合应用能力和跨文化交际能力，而学生的语言技能学习基本上依靠网络课堂自主完成。由于课程设置和学习方式的转变，传统的英语课堂在时间上和空间上都向外延伸了，第二课堂建设的重要性也显现出来了。第二课堂教学是指在教学计划、教学大纲规定的教学活动之外，教学单位组织学生利用课外时间而开展的各种英语学习活动，如英语演讲比赛、英语写作比赛等。这些都是各个高校个性化教学大纲设定的一部分内容，各高校可以根据自己学校的情况设定符合自己特点的个性化大纲。

3. 根据不同需求设置大纲

学校在制定大学英语教学大纲的过程中，应充分考虑社会需求，就业需求，地区、行业、工种等对学生英语能力的需求，并最终将这些需求反映到教学目标中去。对外开放程度较高的地区和行业对英语的需求会更高一些，涉外行业对工作人员的口、笔头交际能力会有较高的要求，从事操作性工作可能会要求相关人员具有较好的阅读技术资料的能力。由于不同的学生将来工作的地区、行业、工种有所不同，所以不同地区的学校可以有不同的大学英语教学目标，同一所学校也可以对不同的学生制定不同的教学目标

从学习者的角度看，学习者的需求有短期需求和长期需求、主观需求和客观需求、内在需求和外在需求。Gardner 曾指出，不同的学习者可能会决定他们将如何使用所学的语言，他们的英语地道程度，他们希望自己的英语达到什么样的复杂程度等。有的学习者只希望会一点足以生存的英语就够了，有的则希望能有像使用英语语言国家的人士那样地道、纯正的英语。短期需求包括完成学业的需求、满足个人兴趣的需求、获得即时成就感的需求等，长期需求是指学习者将来的学习、工作和生活对英语的需求，或者是因希望获得某种学习、工作、生活的机会而产生的对英语的需求，如学习者希望大学毕业后出国深造。一个充分调动学习者内在学习动机的活动将为学习者提供更多的学习机

会，同样，一个能满足学习者内在需求的教学大纲也为提高学习者的学习效率提供了保障。大纲制定者不仅要注意学习者对语言的需求还要注意学习者在语言学习和语言使用过程中的其他需求。只有这样，教学大纲才能带来更好的教学效果。

  从教师的角度看，大学英语教师承担了教学、科研和社会服务三项主要任务。因此，大学英语教师在搞好教学的同时，也要参与学科建设，从事与本学科相关的科学研究。学校在设定教学大纲时，在满足其他需求的同时，也要考虑大学英语教师自身发展的需求，这将会给教师和学生带来双赢的结果。因为教学目标的最终实现需要教师的努力，教师受自己的教育背景和自身环境等因素的影响，对学生应该学什么以及怎样学具有一定的判断力，教师对学生需求的认识也会影响教学的侧重点。如果教师认识到的需求与学生所提出的需求不一致，大学英语教学就很难遵循第二语言习得规律。因此，教学大纲的制定者一定要根据具体情况做出认真的、科学的判断，以使最终确定的教学目标符合教学规律。

  同时，大学在开设大学英语课程时，一方面要遵从英语教学规律，另一方面也要满足学校办学的其他需求，因为它们在一定程度上反映了学校办学的实际需求，所以大纲制定者应设法将这些认识和建议纳入教学大纲的内容，或者采取适当的措施改变相关领导的认识。教育行政部门对大学英语教学的要求可能是出自教学改革自身的需要，但这种需要由于种种原因没有能够被大学英语教学部门或学校所认识；有时行政部门的要求也可能是出自教学以外的其他（如政治、经济等）因素，这些要求也应受到教学大纲制定者的重视。

第二节 大学英语教材建设

一、对接文化"走出去"战略,加强英语教材建设

文化已成为当今世界的一个热门话题。文化和文化"软实力"建设日益受到各国的高度重视。为了让世界更好地了解自己,越来越多的国家开始采取措施把自己文化的对外传播作为文化"软实力"建设的重要内容。2008年北京奥运会、2010年上海世博会和广州亚运会的成功举办,为我们提供了对外传播中国文化的良好机会,也让我们切身体会到:中国走向世界,世界关注中国。开放发展的中国需要大批具有跨文化沟通能力和能用英语表达中国文化的国民。推动中华文化走向世界,增进国际社会对我国基本国情、价值观念、发展道路、内外政策的了解和认识,实施文化"走出去"战略,总体上产生了良好的效果。战略的进一步推进和完善对于推动中国优秀文化走向世界、展示中华文化魅力、传播当代中国价值观、塑造当代中国形象以及进一步扩大中国学术和中国文化的国际影响力和话语权、增强国家文化"软实力"、促进中外文明对话等,都具有十分重要的意义。而英语作为实际上的"世界语",其地位在相当长时期内无法撼动,所以用英语表达中国文化,无疑是中国文化"走出去"最为重要的途径。然而,纵观我国多层次的英语教学,片面强调导入西方文化的现象还依然普遍存在,而中国文化基本上处于被忽视的状态。在对外交流中,不少具有较高英语水平和较高中国文化修养的知识分子,在被问起中国文化时,往往不知所措,呈现出"中国文化失语症"。"中国文化在走向世界的过程中依然步履维艰"。当前,全球化潮流正在席卷世界每一个角落。我国的现代化也正在迅速提升综合国力和民族自信心。同时,世界也越来越感受到中国的存在,各国人民越来越想了解中国,中外文化交流正在发生方向性的变化,这对我们的英语教学提出了新的要求。

(一)中外跨文化交流趋势的变化

近代以来,由于种种历史原因,我国在各方面严重落后于西方。党的十一届三中全会以来,以邓小平为核心的第二代中央领导集体,高瞻远瞩,领导了具有

划时代意义的改革开放。与此相适应，英语教育在我国得到普及和发展。如今，英语人才活跃在国家建设和对外开放的各个领域，为国家对外开放和现代化建设作出了巨大贡献。国人的视野也得到了极大的提升和拓展。

30多年快速发展，中国在经济、科技、教育、文化等各方面都取得了巨大的成就，从一个贫穷落后的国家迅速成为世界第二大经济体、第一大贸易国。由此，中国成为世界目光的聚焦点。来华经商、旅游、学习的外国人达到了空前的规模。同时，通过积极的文化双向交流，我国文化"软实力"得到极大提升，西方社会了解中国文化的愿望也日益强烈。在国际环境日益复杂化的背景下，中国比以往更加需要对外解释好自己的文化和价值观，讲好中国故事，加强与世界的密切沟通，努力营造良好的外部环境。由于世界各地受众群体懂中文的人太少，这个任务基本要靠中国人用英语来实现。从翻译领域看，2011年中国对外翻译的工作量首次超过了外译中。2014年，"中译外的比例已经超过60%"。中外跨文化交流已由"输入为主"转变为"输出为主"：西学仍在东渐，但"中学西传"也已渐成潮流。

（二）英语教学亟须实现从"引进来"到"走出去"的转型

培养学生跨文化交际能力是英语教学的终极目标之一。在跨文化交际活动中，交际双方首先接触到的是对方的语言和日常行为方式及风俗习惯。语言是信息传递的主要途径。要准确传递信息，实现交际目的，要求跨文化交际者必须既要通晓目的语国家的语言和文化，也同样需要通晓本国的文化，并掌握把博大精深的中国文化介绍给世界的方法，做到"内知国情，外知世界"。中国本土文化需要通过英语实现"全球化"。在涉外活动中，每个人都是中国文化的一张名片。但如今的青年学生最喜欢关注流行和时尚，对中国的国情和文化，很多人却少有关注，更谈不上深入了解。20世纪以来发生在中国的、举世罕见的文化自我放逐和去传统化，已使当今中国人偏离了文化传统，进行本土文化再教育，重塑对自己母语文化的自豪感和自信心，已显得十分迫切和重要。

中国文化"走出去"战略中，高等院校承担着培养人才的重大使命。在外语教学界，随着对语言、文化与交际之间关系研究的深入，语言学习与文化学习的密切关系以及文化在跨文化交际中的重要性受到高度重视。但是人们往往把单纯的目的语文化的导入认为是跨文化交际能力培养的全部，忽视了本国文化在跨文化交际中的重要作用。时至今日，我们的教科书仍在片面强调英语的语言基础和文化的导入，鲜有介绍中国文化的内容。造成很多英语流利的青年学子对中国文化和时事国情不甚了了，更不知道如何用英语来表达中国文化。于是，在对外交往中，往往显得力不从心，甚至"用洋文出洋相"。由此可见，单向导入西方文化，无法满足当今社会对英语人才的需求。国家实施的文化"走出去"战略的关键，在于提升国民的英语素质和用英语表达中国文化的能力以及中译外人才的培养，而国内对中国文化之英语表达的研究多集中在对外汉语教学领域，在英语教学领域基本还是一片空白。时代发展迫切要求英语教育进行转型，不但要"引进来"，还要"走出去"。高校英语课程的开设一方面要满足学生专业学习、国际交流、工作就业等方面的需要，另一方面也要满足国家战略需求。中国文化要走出去，中国企业要走出去，英语教育的人才培养必须在满足各种实际需求的同时，服务于国家战略，在国家"软实力"建设中发挥积极作用。"走出去"既是为了让世界更多地了解中国，也是为了更好地"引进来"，让中国更好地了解世界，然后更好地"走出去"。如此循环往复，中国文化与世界各国文化就会不断交融。

（三）对接文化"走出去"战略，加强英语教材建设

教材在教学过程中发挥着基础性作用，对人才的知识结构和培养质量有着重大影响。纵观我国多层次英语教学，中国文化被严重边缘化，甚至近乎空白。刘艳红等（2015）通过对《21世纪大学英语》《新世纪大学英语》《全新版大学英语》《大学体验英语》《全新主题大学英语》《新时代大学英语》《新视野大学英语》《大学英语教程读写译》《新标准大学英语》《新通用大学英语》10套大学英语教材的内容进行研究，发现在这10套大学英语教材中，英美文化内容居于绝对主导地位，其他英语国家的文化内容所占比重很低。在占比最高的《全新版大学英语》中，其他英语国家的文化也只占4.7%，大部分教材的文化内容，要么是共同文化，要么是英美文化，其他文化内容占比为0%。由于英语是实际上的"世界语"，在以英语为媒介的跨文化交际中，交际者可能来自不同国家和地区（比如"一带一路"沿线国家），他们各自有着不同的文化，各自的语用文化规则也不尽相同。如果仅以英美文化规则作为交际的圭臬，可能会导致误解。另外，中国文化在这些教材中也基本被忽视，占比最高的是《全新主题大学英语》，只有7.3%。不少教材中丝毫没有中国文化内容。"整体上，这10套大学英语教材的文化配置普遍存在失衡现象。一方面，这些教材推崇英美文化，对其他英语国家的文化不够重视。另

一方面，教材的中国文化占比过低，未能在'中国文化走出去'和'加强中国价值的国际传播'过程中发挥"应有的作用，也不能适应国家实施"一带一路"倡议的需要。因此，有必要对大学英语教材的文化内容进行大刀阔斧的改革，甚至是重新编写，开发全新的教材。

从学科建设需要来看，主动适应国家战略和社会发展需要是学科建设保持活力的健康法则和基本理念。从人才培养需要来看，教材在人才培养过程中发挥着基础性作用。英语教育要与中国文化传播和国家"软实力"建设紧密相连，英语学科的教学、科研等一系列活动也要同国家的发展需要紧密联系在一起。在英语教学研究领域，对中国文化之英语表达的研究还处于刚刚起步阶段。这方面的研究成果，比较有代表性的论文有：吴鼎民的《不能只搞内销，不做外贸》、曹韵的《中国英语教学中的文化身份危机及其应对策略》、邓天颖的《文化传播视阈下的"巧实力"解析》等。对中国文化的英文介绍也出版了一些图书，如国家扶持的大型出版工程"熊猫图书""大中华文库""中国图书对外推广计划""中国文学海外出版工程""中国当代文学百部精品译介工程"等。目前，有关中国文化教育的研究成果主要集中在对外汉语教学领域，出版了一些用英语介绍中国文化的读本，而这些成果和读物还不为广大教师所知，更不用说学生了。而各种英语教材中，涉及中国文化的内容十分少见。仅靠几本介绍中国文化的专著或英语读物恐怕无法达到预期目的，必须拓展中国文化的教育和传播途径。

教材对于学习的重要性不言而喻。要培养能够向世界介绍中国文化的英语人才，中国文化的内容必须进教材。因为以教材形式推出的东西有利于快速传播和普及。教材的"发行量和销售量大、读者多、受众面广"，而且，学生对教材内容的重视程度远远高于课外读物。把中国文化的内容编进英语教材是培养文化"走出去"新型人才的有效举措，而对英语教学改革也具有重大意义。毋庸讳言，这类教材的编写尚无先例可循，包括编写体例的设定和资料的收集与整理，一切都要从头开始。但根据跨文化交际"转型"的特点和国家文化"软实力"建设的战略需要，这类教材的编写应充分考虑以下几个方面的因素：教材编撰队伍、编撰原则和选材内容。

1. 编撰队伍

用英语讲述中国文化，这种新型英语教材在编写原则和编写内容上与以往的英语教材有着显著的差异，因此对教材编撰队伍也应有特殊的要求。既然这类教材侧重于用英语讲述中国文化，这就决定了编撰队伍首先要包括深谙中西两种语言和文化的跨文化交际领域的教育专家，并且对双语转换技巧特别是中译外技巧要有丰富的经验。其次，编撰队伍应包括英语教育专家和长期从事英语教材编写的专家学者，他们对培养学生的英语语言能力有着直接的经验。再次，编撰队伍还应包括对中国国情和中国文化有深入研究的学者，他们对国情的变化和文化的发展有着敏锐的洞察力，有利于在教材内容的选取过程中做到与时俱进。另外，编撰队伍还要有对外汉语教学领域的专家学者参与，他们在用英语解释中国文化方面有着成功经验，可资借鉴。同时，教材编写还应发展国际化的编撰团队，邀请母语为英语的学者和汉学家加入，他们对教材需要达到的目的有着独到的见解，对教材的语言质量也能有很好的把握。

2. 编撰原则

首先，教材编写要体现跨文化交际研究成果。英语教学的重要目标之一就是培养学习者的跨文化交际能力。在教材编写中要充分体现跨文化交际学科与英语教学的深度融合。长期以来，国内外学者对跨文化交际进行了深入的研究，尤其是21世纪以来，我国的跨文化交际学科呈现快速发展的势头。从1985到2014年，我国出版的跨文化交际教材就有122部。此外，还有大量的研究专著问世。其中1995年关世杰教授的《跨文化交流学：提高涉外交流能力的学问》，是我国跨文化交际研究的里程碑。他们的辛勤劳动结出了丰硕的果实，很多成果对英语教学有着普遍的指导价值。

其次，教材编写要充分借鉴对外汉语教学领域的研究成果。为了适应对外交往需要，早在1983年教育部就批准北京语言大学在英语系设置对外汉语教学专业。不久，北京外国语大学、上海外国语大学和华东师范大学等学校也相继开设了对外汉语教学专业。至今已有130多所高校开设了对外汉语教学专业。迄今，对外汉语教学专业已走过30多个春秋，逐渐发展壮大。对外汉语教学研究也取得了丰硕成果。如刘珣等主编的《对外汉语教学论文选评》（上、下）汇集了对外汉语教学领域的重要研究成果，其中有相当一部分是"跨文化交际与文化教学"方面的研究成果。张英、金舒年主编的《中国语言文化讲座》系列图书采用中西对比方式，对中国文化进行了深入剖析。毕继万的专著《跨文化交际与第二语言教学》对第二语言教学与培养学生的跨文化交际能力进行了系统的研究。吴为善、严慧仙编著的《跨文化交际概论》对中西文化差异进行了较为系统的对比分析。这些研究成果都是基于对外汉语教学实践积累起来的，对我们今天培养学生的跨文化交际能力具有很强的实用价值。对外汉语教学专业起源于外语系，逐渐独立，发展壮大。对外汉语教学就是用外语讲述中国文化，与英语教学有着密切的渊源，现在用其研究成果来反哺英语教学也是时代的需要，契合培养文化"走出去"人才的需要。

再次，教材编写要培养学生的对比分析和审辩性思维能力。美国语言学家Edward Sapir 和 Benjamin Lee Whorf 认为，一种语言就是一种思维方式的直接体现，语言中包含着语言使用者对客观世界的认知体系。每种语言都有自己认知客观世界的独特体系和独有角度。将中国文化融入英语教学，在同一门课程中，两种迥然有别的语言、文化和思维方式会发生直接碰撞。这种碰撞有利于学习者发现两种语言和文化以及思维方式的特点，加深对两种语言和文化的认识，通过多样的文化活动涵养性情，引导学习者从不同文化的视角认知和分析问题，从而培养他们的思辨能力，在对外交往中，既能提出自己的观点，又能学会如何处理、包容与自己不同的观点。因此，教材的编写要注重语言和文化的对比分析，既能体现两种语言和文化的差异性，又能兼顾两者之间的互通性。

最后，教材编写要注重中译外技能的训练。"翻译旨在打破文化隔阂，促进不同文化之间相互了解和融合，是涉及自我与他者的一种双向交流活动"，随着文化"走出去"战略成为我国提升文化"软实力"的重要战略方向，中译外受到各方热切期待和普遍关注。翻译本身是一项对两种语言和文化的掌握都要求很高的实践。中译外的过程要求对汉英语言和文化的特点进行深入分析，探索从汉语到英语表达所要进行的语言、思维逻辑和适应表达的文化转换。中译外练习无疑能使学习者加深对汉语和中国文化的理解，而用英语写作无疑会提高实践者的表达能力。通过中译外的理论和方法，能够让学习者知道为什么汉语和英语有时要用不同方式表达类似意思，为什么要采用不同的变通手段，用符合译入语习惯的表达方式传达出原文的意思，这将是提高学习者用英语表达中国文化能力的有效方法之一。

3. 编撰内容

新型教材，要改变传统单项导入西方文化的做法，强调培养学习者的跨文化交际能力。在英语教学中，要双向导入中外两种文化，应注重两种语言和文化的对比和融合，使学习者通过教材学习可以"内知国情，外知世界"。

教材内容的选取应考虑以下因素：

中华文化绵延千古，一脉相承，但现代人的价值观念、生活乃至行为方式都发生了深刻变化。相对于古代文化，现代文化更为鲜活，更贴近现代人的生活和交际需要。跨文化交流是在现代社会中进行的,因此,教材编写在适当选取经典文化的同时,应尽可能发掘当今现实社会中的文化现象,避免脱离现实的"死"文化。

语言是文化最为重要的组成部分,而文化则主要通过语言得以体现。因此,语言与文化学习不可分割。英语是在其本土语言文化里形成、发展起来的,与其本土文化关系密切。考虑到学习者英语语言能力形成的需要,在教材中不可避免地要放进其本土文化的内容,保证学习者能够学到原汁原味的语言和文化,确保其英语基本知识和基本技能的根基扎实。

(1)中国文化内容要具有代表性且适合对外传播

汉语历史悠久,中国文化博大精深,但教材容量有限,而鉴于学习者语言能力水平限制和实际对外交流的需要,教材内容选取必须精挑细选。首先,要有最适合对外传播、最易用英语恰当表达的实用内容。其次,文化是庞杂的,不是所有的东西都适合对外传播,必须考虑到对外树立良好的中国形象的需要。再次,并非所有中国文化都能用英语表达清楚且能为外国人所正确理解,因此,未能准确译成英语的内容不宜进教材。

(2)实用性

所谓实用性,是指教材内容编选要充分考虑其交际价值。注重实用性,就是要让学习者感到他们在书本上学到的东西马上就可以用到,对学生的交际有实际帮助,这会增加其学习的积极性,提高学习效果。应优先考虑跟学生的交际活动直接相关的文化内容和在人际交往中常用的、交际作用比较大的文化内容。以实用性为主的同时,也应充分考虑到代表性文化内容的选取。

(3)避免中国文化内容过多

英语学习者的英语语言能力还处在形成阶段,对异国文化充满好奇。如果在教材中编入过多的中国文化内容,难免会误导学习者,分不清"东""西"。因此在教材编写过程中要避免中国文化内容过多,滑向另一个极端,不利于学习者英语语言能力和跨文化视野的形成。

文化内容的选取应遵循以下原则:

(1)坚持以现代文化为主

人与人之间的交往最为直接的体现就是日常生活和工作行为。从第二文化的习得来看,文化内容往往很难从外部看清楚,这就在实际上形成了跨文化交际的种种暗礁。跨文化交际中的诸多问题常常是因为不了解对方基本的生活方式而引起的。因此，英语教学内容应尽可能贴近和反映现实生活和工作需要。

（2）坚持以主流文化为主

任何社会内部都存在亚文化，但主流文化总是居于主导地位，普遍适用于全体社会成员。我们培养的学生的交际对象是全社会的各种成员，这就要求我们在编选教材内容时应坚持以主流文化为主，尽量避免区域性的亚文化。

（3）坚持以生活文化为主

由于社会不断演变发展，教材内容的选编是一个常做常新、永无止境的工作，因此，教材编写在充分征求各方专家学者意见的同时，应着眼于中国国情的跨文化研究，厘清并尽可能多地传播当代文化价值观和行为方式。同时，也要加强对来华外籍人士的调研，了解他们的兴趣和需求，尽可能使编写出的教材实用、高效。

近年来，随着中国的和平崛起，汉语和中国文化正加速走向世界。中国也正在从文化上的"输入国"转变为"输出国"。季羡林先生预言的"东学西渐"已悄然来临。在外语教学过程中，不可忽视中外交往中的文化倾向，"适时导入相关的文化背景知识，完善学习者的知识结构"。反观我们今天的英语教育，基本上还停留在改革开放初期所设计的人才培养目标上。将跨文化交际能力的培养融入语言学习与教学之中虽然已经成为外语教学界的普遍共识，但是由于英语教材中鲜见中国文化内容，英语教学过程中片面导入西方文化的现象还广泛存在。因此，当下英语教材的内容难以适应新形势下跨文化交际的需要。

英语教育乃至教材建设要对接国家战略，为国家建设服务，必须进行改革，"推行双向国际化理念，培养具有国际视野的多元跨文化人才，以适应国家和地区对人才的需求"。要根据社会对人才知识结构的需要，进行深入研究，科学规划、设计教材内容，培养具有中国文化底蕴的英语人才，从而在对外交往中，凸显"中国味"，承担起对外塑造良好中国形象、传承和传播中国文化的重任，为实现"十三五"规划纲要提出的第100个大工程——"建设讲好中国故事队伍"——培养后续人才。

二、跨文化交际能力培养与跨文化外语教材建设

21世纪频繁的国际交流以及无处不在的网络和媒体为国人了解世界提供了便利。但是自然环境、社会面貌、历史渊源、思维方式、价值观念以及语言习惯等

因素依然会带来文化碰撞,依然会带来文化交流的障碍。如何通过外语教学帮助学生使用所学的语言与具有不同文化背景的人进行有效的交流和沟通、如何促使学生重新审视并欣赏本族文化、理解和接受异族文化则成为我国外语教学亟待解决的问题。

从我国现阶段的情况看,外语教学担负着培养具有跨文化交际能力的高素质人才的主要任务。本节在探讨跨文化交际能力中的文化认知能力和外语教学中的文化教学之间关系的基础上,指出跨文化教材建设是外语教学跨文化交际能力培养研究领域中被忽视的环节,并以2011年北京大学出版社出版发行、由大连外国语大学常俊跃院长主持编写的21世纪CBI内容依托系列英语教材为例,探讨全面、系统、科学的文化教材对外语教学中学生跨文化交际能力培养的不可小觑的作用以及跨文化外语教材建设过程中需注意的问题。

(一)跨文化交际能力与文化认知能力

要厘清跨文化交际能力与文化认知能力的关系,必须首先了解构成跨文化交际能力的要素。

Byram在1995年提出,跨文化交际能力的四要素:知识、做事能力、个人态度与价值观和学习能力,并于1997年在四要素的基础上增加了对于自己和他人文化的思辨性判断能力。

Chen&Starosta提出,跨文化交际能力的认知、情感和行为三维理论,即主体对本族文化和目标文化知识与文化规约的理解和掌握,主体积极理解、欣赏和接受文化差异的主观意愿以及在跨文化交际实践中完成具体交际目标的能力。

文秋芳指出,跨文化交际能力包括交际能力和跨文化能力两个部分。其中交际能力包括语言、语用和变通能力;跨文化能力包括对于文化差异的敏感和容忍,以及处理差异的灵活性。这种处理方法在国内有诸多拥趸。

杨盈、庄恩平将跨文化交际能力对等于跨文化能力,并提出构建由全球意识、文化调试、知识和交际实践四大能力系统组成的外语教学跨文化交际能力框架。

张卫东、杨莉则指出,跨文化交际能力指恰当运用语言文化知识与异文化成员进行有效而得体交际实践的能力。

上述对跨文化交际能力界定及核心要素的梳理可能会挂一漏万,但从各家不尽相同的表述中不难看出,随着跨文化交际理论的深入发展,文化认知、文化能力或文化知觉力正在成为跨文化交际能力研究的关键词。无论是语言运用、情感态度、行为能力还是思辨意识都离不开对本族和异族文化的认知和接受。

(二)外语教学与文化认知能力培养

杨盈、庄恩平将跨文化交际能力等同于跨文化能力的处理方法有助于外语教学从单纯语言教学的狭隘视野中解放出来,在注重语言能力的同时,看到文化认知的重要性。他们还提出应将跨文化能力培养视为"外语教学培养最终目的",进而强化了文化认知能力培养在外语教学中的重要地位。

1. 文化教学与外语教学

语言与文化的不可分性已成为外语教学和研究界专家、学者们的共识:语言是文化的主要组成部分和主要表现形式,同时又是文化的载体。Kramsch 认为,文化从学习者开始学习外国语的第一天起就始终渗透在整个学习过程中,人们的每一次说话都是一次文化行为。

可见,语言与文化是相互依存、相互影响的。文化是语言学习的基础,是语言使用的背景。要真正掌握一种语言就必须了解产生这种语言的特定社会背景。而我国传统外语教学模式因割裂了外语教学与文化教学的联系而需要进行修正。

韩晓玲分析了中国学生英语学习时间久但效果差的原因,指出语言教学与文化导入的割裂是主因,并提出有效的英语学习,不仅需要一定的语言知识还需要英语国家文化背景知识。王淑杰认为,以交际为目的的跨文化教学不同于只教语言知识、忽视文化背景的传统教学。教师除了要教授语言知识外,还应适当、适度地讲授文化知识,使言和文化紧密结合,达到教学目的。

张红玲认为,外语教学不是培养跨文化交际能力的唯一途径,历史、地理、文学等科目都可以从不同的角度向学生介绍文化知识。

陆晓红则提出了外语教学就是文化教学的观点。虽然这一观点是建立在语言学习者掌握了一定的语言知识和能力基础之上的,但它反映了进入 21 世纪以来,我国的外语教育者日益强烈的跨文化意识。

上述专家学者的理论观点代表着我国外语教学的发展趋势,即将文化培养视为外语教学的核心。

2. 文化教学在外语教学中的尝试及存在的问题

外语教师不仅逐渐意识到文化在我国外语教学中的重要性,而且还在教学实践中不断尝试将文化教学融入外语教学中。

韩晓玲提出要选取符合学生语言和文化认知能力的文化内容并通过教学（课内和课外）活动实现以文化为主线的语言输入和输出等主张。

这一模式是在外语教学中培养学生文化能力的有益尝试，符合21世纪多元文化的时代特征，具有前瞻性。但该模式在实际教学中存在一些问题：文化内容如何选取？"以文化为主线"如何操作？如何解决"文化教育的零散性和随意性"问题？

黄文红以英语专业学生为实验对象的过程性文化教学与跨文化交际能力培养的实证研究发现，与传统的知识性文化教学模式相比，过程性文化教学模式鼓励学生主动探索、反思及对比中西文化，"受到大多数学生的欢迎"，但还存在实验对象对中西文化知识掌握不深刻这一弊病。

这项实证研究的成果是喜人的，为外语教学中的文化能力培养提供了可借鉴的范本。但其局限性在于教材选用不恰当：以综合英语课使用的《现代大学英语：精读》为教材进行跨文化能力培养的实证研究很难帮助学生获得全面、系统的文化认知。

如上问题不仅关涉外语教学策略、教育者的观念、学习者的能力，更与外语教材的选取和使用密切相关。事实上，不仅高等学校英语专业的跨文化交际能力培养需要重视相关教材的建设，大学英语课程也面临同样的问题。

杨盈、庄恩平从跨文化外语教学的视角出发，在探讨有效的教材使用途径过程中，对十余套具有代表性的高等教育外语教材作了调研。发现如下问题：跨文化内容含量少、过于简单、缺乏系统性，不能满足跨文化外语教学的需求；教材中练习设置缺乏拓展性和激发跨文化思维的内容，不利于培养学生的跨文化意识。因此，他们提出教师以现有教材为基础，将"语言知识结构"（外语教材）与"文化知识结构"（包含外语教材中的隐含文化知识和跨文化教材中的跨文化知识）相结合的探索模式。

这种"内外结合"的教学模式与前面两个例子有异曲同工之处，反映了外语教育工作者对文化教学重要性的认同，但在有限的课堂上既要传授语言知识，又要兼顾外语教材内容中零散的文化元素，这对于教师和学生都不是易事。消极的情绪会带来事倍功半的后果，不利于外语教学中跨文化交际能力的培养。

（三）跨文化教学框架下的跨文化外语教材

1. 我国跨文化外语教材的研究和开发现状

虽然诸多外语教育工作者已经意识到跨文化外语教材建设在提升学生跨文化交际能力方面的重要性，也尝试运用不同策略将文化知识传授与外语教学相结合，但有关外语教材开发的论文却不多。在中国知网上输入关键词"外语教材"和"跨文化"后，搜索到的结果寥寥可数。

全建强提出具有跨文化交际性的外语教材应该反映目的语社会的不同侧面；杨盈、庄恩平对为英语专业、大学英语及专科英语教学而编写的十余种外语教材进行了市场调研，并指出大部分外语教材与跨文化外语教学的要求仍有一定距离，并建议"教师在外语教材与跨文化教材'外部结合'的过程中不断探索与研究，为新教材研发积累经验，为实现两者的'内部结合'打好基础"；王进军、冯增俊分析我国外语教材发展的历程及规律，指出"文化型、内容型、菜单型以及综合型等新型外语教材将被赋予光明的前景"。

虽然相关论文不多，但是将跨文化能力培养视为外语教学重要任务的理念却成为共识，高校尝试在此基础上对教材进行改革的步伐没有停歇，"力图使外语教材跨文化交际和外语教学紧密结合"。

通过几年的教学实践，笔者认为2011年北大出版社出版发行的21世纪CBI内容依托系列英语教材是外语教材与跨文化教材"内部结合"的良好尝试，在一定程度上弥补了我国高校外语教材题材选择和练习设置与文化教学脱节的痼疾，以文化内容为依托，帮助学生在使用目的语的过程中了解异族文化、积极思考、主动分析对比跨文化差异，促进语言技能和跨文化意识的双提升。同时这套以文化内容为依托的英语教材还有助于教师对真实的语言运用情境的设置，培养学生的跨文化交际能力，真正实现我国"外语教学的高级目标"。

2. 跨文化外语教材的题材选择

跨文化外语教材的题材选择要有系统性和科学性。以常俊跃教授组织编写的系列教材为例：该系列教材涵盖了英国、美国、澳大利亚、加拿大和新西兰五个主要的"英语内圈国家"，并从社会文化、历史文化、自然人文地理三方面对这些国家进行系统、科学的推介。系列教材还包括《跨文化交际》《欧洲文化入门》《中国文化（英文版）》《圣经与文化》《古希腊罗马神话》，为师生提供了培养跨文化意识的平台，也为跨文化交际能力培养中的"社会文化能力"或"知识能力"培养奠定了基础（各家对跨文化交际能力中文化认知要素叫法不同），有助于学生系统地获得文化认知，避免对中西方文化片面肤浅的理解。

教师可以借助教材系统地、有条不紊地开展文化教学，也可以借助教材充足的文化内容设置间接的文化语境供学生体验。胡文仲认为，"跨文化交际能力培养不仅需要教学环节的精心设计，而且需要课外的配合，包括国外学习或工作"。但是不能为所有学生提供直接语境体验的当下，教师可以充分利用文化教材营造"间接语境扩展文化知识"。

3.跨文化外语教材的练习设置

束定芳、张逸刚认为，从教材的作用来看，教材中的练习应该是最能体现教材编写者理论指导原则的部分，也是检阅教材实用性、有效性的重要组成部分。

CBI内容依托系列英语教材的练习设置不仅对学生的语言知识和技能进行了强化，而且与文化内容密切相关，有利于学生"实现知识的巩固及技能的转化"，体现了教材的实用性和有效性。

在问题思考环节，编者针对不同文化模块，设计中西文化对比问题，有意识地引导学生在知晓英语国家文化的基础上主动了解本族文化，并与异族文化作对比，形成批评的抑或是宽容的跨文化意识，"促使学习者对教材中的文化内容进行反思提问并参与其中"。学生只有了解本族文化和异族文化，才能真正实现跨文化交际能力的提升。

4.跨文化外语教材建设和使用需注意的问题

Kramsch指出，文化教学决不能只是以罗列文化事例的形式进行，因为事例是停滞不前的而文化是在一直不断发展的。"随着国家间频繁的交流活动以及媒体活跃的交际活动，不同文化间有由碰撞到相容的趋势，所以，跨文化交际能力的内容也应该是动态的"。这就要求文化教材的编写者不断提高、修订和更新教材内容，与时俱进。

在对美、英、加、澳、新西兰等"英语内圈国家"的文化知识细化的基础上，教材编写者可以开阔视野，将研究对象拓展到其他英语国家。同时随着我国"一带一路"倡议的推进，与沿线国家的人文交流与合作也会日益密切，编写介绍这些国家文化的外语教材不仅能够填补外语教学中跨文化交际能力培养的一大"漏洞"，而且对改变外语教材滞后于时代的现状也有着十分重要的现实意义。

编写以外语为媒介的文化教材只是外语教学中培养学生跨文化能力的内因，

而促进这一教学目标实现的另一个关键因素是教师,这是外因。内因要通过外因而起作用。颜静兰在研究中发现,近些年来"外语教师的跨文化交际意识和自身内涵有了较多提升,但是差距和问题还比较大";"外语教师的跨文化交际能力'缺口'较大,和学生一样,需要提高和研究"。因此,作为教学主导者的外语教师首先要丰富自己的文化知识,提升自身的批判性思维能力,使自己具备较高的文化修养和双重或多重文化理解力,进而引导学生通过外语课堂培养有效的跨文化交际能力。

文化教学是外语教学中跨文化交际能力培养的一个重要课题。虽然对文化教学的理论研究已然硕果累累,但文化教学在外语教学实践中仍然存在许多实际问题,本节所谈及的以文化为内容的外语教材建设只是冰山一角。要培养21世纪具有较强的跨文化交际能力的外语人才还需要我国的外语教育工作者在教学过程中研究国外教育理论、教学方法、教材建设及教师培训等方面的先进经验,并与我国学生外语学习的实际情况相结合,制定有益于学生跨文化交际能力培养的外语教学体系框架。

第三节　大学英语师资队伍的建设

一、大学英语师资队伍建设现状与问题分析

大学英语教学质量影响着我国高等院校人才培养的整体水平。自1999年我国高等教育实行扩招以来，大学英语相关课程的在校生已经超过了2000万，全国讲授大学英语课程的教师人数超过10万人。为保证大学英语教学的可持续性发展，教育部在十余年间先后出台了一系列关于大学英语教育、教学方面的指导性政策，极大地推动了大学英语教学的改革。

目前，我国大学英语教学正处于改革的关键时期，如何提高大学英语教学师资队伍的整体业务水平、完善知识结构、改进教学理念，从而实现我国高等院校人才培养的目标和任务，更好地为高等教育教学改革提供服务是一个至关重要的课题。当前越来越多的外语教育专家、学者、一线教师认为，"充足的合格师资是保证大学英语教学改革成功至关重要的因素""教师发展逐渐被提升为教育、教学改革的核心要务""教师是教育改革和教学质量提高的关键，教师自身的语言素质、教学理念、教学技能技巧、教师的自主发展能力都是制约教学质量的重要因素"。

从上述分析可以看出，我国大学英语的师资建设目前主要面临以下几方面的问题。

第一，大学英语教师正面临着更新英语教学理念、增强教改意识的重任。2002年教育部高教司发出《关于启动大学英语教学改革部分项目的通知》，2004年颁布了《大学英语课程教学要求（试行）》，2005年颁布了大学英语四、六级考试改革方案，决定以考改促教改，从题型和内容上都对传统的纸笔试进行了全面改革。2009年6月，参加全国大学英语教改的试点院校已经扩大到180所。然而，在我国高等教育大力促进教学改革的时候，大学英语师资队伍中还有相当多的教师对大学英语教改意识不清晰，对教改思路、内容、目标不清楚，教学创新意识薄弱，教学理念待更新。他们还在沿袭固有的教学模式、教学方法和手段，不管人才培养的战略如何定位，教育教学规律如何发展，一套教材动辄使用十几年，一门常规课程动辄开设几十年，一本教案一用就是一辈子的现状未曾根本改

变。我们应当看到，随着大学英语教学改革的不断深入，传统的教学理念和教学模式正受到极为猛烈的冲击。当我国义务教育阶段小学三年级就开始开设英语课程，当越来越多的大一新生在大学生活伊始就已经通过大学英语四、六级测试时，高校外语教师已经面临着"我们究竟能教给学生什么样的英语并如何来教的问题"。

在现代大学英语课堂教学中，大学英语教师应当树立以学生为主体、以教学为中心、以教师为主导的教学理念，学生不单纯是课堂教学的对象，更应该是一个平等参与知识构建与运用并具有独立思考能力以及良好习惯的个体。对于师生双方来说，教与学的过程不仅仅是简单的机械重复，而应该是具有多元化价值的考量，是一场探寻、建构意义的旅程，是一种感受思想与智慧激荡的体验。这样，大学英语课程教学就不仅是一门传授知识与技能的艺术，更是一种融批判性、开放性、创新性于一体的多元的学术探讨活动，这是建立现代研究型大学的要求所在。因此，高校英语教师应当深入研究先进的教学理念，努力提高自身文化、业务素质，有意识、有针对性地将教改精神渗透到教学工作的各个环节中，不断地从具体的课堂教学活动中观察归纳、分析总结、对比反思各种先进科学的外语教学理念和教改思路，研究出适合我国高校大学英语教学实际情况的外语教学规律，使大学英语师资队伍建设能够满足我国高等教育教学改革的需要。

第二，各高校大学英语教师正面临着如何更新知识结构、提高业务能力和学术研究水平的问题。随着我国高校办学规模日益扩大，知识经济社会对高校人才培养所提出的要求越来越高，传统的人才培养模式显然已经无法适应和满足社会的需求，固有的知识结构正经受着前所未有的巨大挑战，高校外语教师也正面临着"专业危机感和生存危机感"。当前，我国高等教育人才培养目标的定位是培养复合型人才。毫无疑问，复合型人才的培养需要以复合型师资的培养为基础。为了完成这一战略任务，越来越多高校的核心任务调整为优化、整合现有的大学英语课程、建设并设计新型课程，它们在大学英语常规课程的基础上又相继开设了与专业相结合的金融英语、商务英语、法律英语、新闻英语、财会英语、旅游英语、营销英语等。这对大学英语教师原有的知识结构提出了新的挑战，具有单一的语言知识技能的大学英语教师显然已经无法承担此类课程的教学工作。因此，培养一大批具有跨学科知识的复合型师资才应该作为当前大学英语师资建设的主要培养目标和发展方向。大学英语教师必须更新自己的知识结构，"建构动态生成性知识观"，以便更好地为大学英语教改目标服务，更好地完成高等教育人才培养战略任务。

第三，长久以来，教学任务繁重、多方面压力巨大等因素，使我国大学英语教师一直都面临着难以突破的发展瓶颈，即科研水平的相对滞后。目前，很多高校大学英语教师本身还对大学英语教学的科研价值存在各种理解上的偏见，如有的人认为国外的外语教学理论研究没有任何实用性和适用性，难以指导我国大学英语课堂教学，还有的人认为大学英语本身就是实践型的教学，因此并不需要更多的理论研究。各种各样的误区淡泊了大学英语教师自身的学术研究意识和科研探索精神。实际上他们都缺乏对外语教学的真正理解，即教育教学研究本应该是最具有实践性的，它离不开外语教师切身教学的实践活动，教师知识结构的完善和整合、教师科研学术水平的提高都是以此为基础发展起来的。同时，十几年高校扩招使得大学英语教师长期超负荷地奋战在一线教学岗位。我国高校大学英语教师每周上课都在20学时以上，有的地区平均周学时竟然达到了30学时。他们一方面担负着繁重的基础教学任务，另一方面又缺少足够的继续教育培训、在职教育机会，使得先进的外语教学理论严重匮乏，有的教师甚至因为长期重复单一的基础教学而出现了语言石化的现象。因此，广大外语一线教师的业务水平亟待提高。目前，在我国高校里青年教师上岗之前都会接受岗前教师培训，但又因其开设的科目为教育学、心理学和教学法等相关课程，学习内容单调、抽象，过于理论化，脱离了高校教学的实际，因此收效不尽如人意。此外，由于全国高校大学英语必修课程绝大多数都是精读课、听说课等常规课程，从班级容量、课程设置、教材选用到教学模式都相对单一、固定，没什么改变，使大学英语教师科研动力严重不足，导致教师学术科研能力薄弱、科研成果不丰。如何将自己的教学实践活动转化成学术研究成果，同时将学术研究成果渗透到自己的大学英语教学中，并加以指导，从而提高大学英语教学质量和科研学术水平，是非常重要的问题。新形势下，我们急需掌握国内外先进的外语教学理论、了解科学的教学规律及发展趋势、懂得适合我国国内实际英语教学环境的大学英语教师和学术科研带头人。外语教育专家束定芳、华维芬在2009年指出了我国现阶段外语教学理论研究的不足，认为我们缺乏一个符合中国国情、具有中国特色的外语教学理论体系，"缺乏对中国重大外语教育政策的研究，缺乏对中国外语教学理论体系的构建。今后的研究应该加强宏观外语政策的研究，加强学习者的研究，加强教学过程，特别是需求分析、教学评估、教师发展等方面的研究"。对于大学英语教师来说，教学实践本身就是学术研究必不可少的一部分。教师有责任将外语教学研究成果有效地应用到教学实践活动中，同时通过教学促进研究，致力于推动二者的有机结合和能动发展，强调教学和科研发展的相互建构性。这种理念的转变直接指导并作用于当代大学英语教学，使大学英语教学从实用性转向人文性。

这种教学实践不再是单一的语言知识技能的培训，而是一种文化的学习和研究。所以，在大学英语教学实践与学术研究活动中，我们自始至终都应该是一个自觉的终身学习者，它是"教师不断超越自我的过程、不断实现自我的过程，更是教师作为主体自觉、主动、能动、可持续建构的过程"。

第四，大学英语教学研究能力不强、教改意识薄弱、师资队伍建设滞后、知识结构老化等问题与大学英语教学在整个高校英语学科发展中的落后地位有着密切关系。多年以来，大学英语教学研究和其他相关方向的英语研究相比，一直处于边缘地位。这个问题的长期存在直接造成了高校相关管理部门对大学英语教学研究的忽视，导致了大学英语教学师资专业化队伍建设落后的不利局面。辛广勤教授曾在2006年精辟地指出：大学英语不是一个独立的学科并进一步认为这同我国外语教学的学科属性与地位不定有直接关系。应确立大学英语教学研究的学科属性与定位，即外语教育学，这对于解决大学英语教师发展问题起着至关重要的作用，即"外语教育学学科属性和地位确立以后，外语教师教育与培训有了明确的内容、对象、知识体系和发展方向，为其职业专业化做好了学科方面的准备，他们的社会地位和职业尊严也会得到保障。学科带头人的问题、学科梯队的问题等都将迎刃而解。"而目前我国国内真正称得上外语教育专家的人数不多，真正发表高水平的关于大学英语教学研究的论著不多，真正能够深入探讨并指导大学英语教学理论与实践的研究会、委员会匮乏，这些也在一定程度上阻碍着大学英语师资队伍专业化建设的前进步伐。由此可见，今后高校大学英语师资建设任重而道远，我们建设的目标应是大学英语课堂不仅是大学英语教学实践的活动场所，更应发展成为培养大学英语教育专家、学者的基地，我们应该努力探索、创新大学英语师资培养建设模式，提高大学英语学术研究能力，从纵深层面、更高意义上推动高校大学英语教学改革。

第五，教师数量严重不足。大学英语课属于公共基础课，随着近几年高校的不断扩招，学生数量呈几何倍数增长，教学任务变得日益沉重，一些高校的大学英语教师师资严重匮乏，导致了一些教师长年累月超负荷工作，难以有更加充沛的精力和时间进行充电和教学研究。这种局面也导致大学英语师资队伍的不稳定，人才流失现象严重，直接影响人才培养和大学英语教学的健康发展。

第六，大学英语师资年龄结构不合理。随着近几年高校扩招，大量本科毕业生、硕士研究生加入高校英语教师队伍，出现了青年教师比例过大，中、老年教师比例过小的现象，尤其是35岁以下的青年教师占到英语教师总数的75%。青年教师精力充沛、工作热情较高、积极向上，但随着社会对外语人才需求的不断增大，面对收入明显高于学校待遇的外资企业、合资企业等状况，青年教师总是千方百计想实现自我价值。他们的不稳定，使大学英语教师队伍长期以来处在不稳定的状态，在一定程度上影响了大学英语教学的质量。

第七，科研水平有限。高校扩招导致教师的人数与学生的人数不能成比例增长，部分高校英语教师缺乏时间去博览群书，也无法发表高水平的学术论文，更没有专著或译著出版。主持科研立项和教改立项的教师更是寥寥无几。经过调查，高校教师普遍认为，制约自身科研方面发展的主要原因是教学任务过重，压力过大，没有时间搞科研。当然，制约英语教师科研水平的因素还有其他方面，如相当一部分教师理论水平较低，对科研方法了解甚少，不具备科研的基本能力；部分高校资料匮乏，在图书馆或单位资料室找不到所需的资料等。

第八，教师缺乏进修机会。由于教学压力大、任务重，高校教师更多是忙于备课和上课，没有时间和条件外出进修。这种局面直接导致教师教学多年一直在低水平地重复工作，教学能力提高速度慢，教学效果不理想。调查结果显示，一线教师要求参加进修的呼声很高，更新知识、提高专业水平的愿望迫切。因此，目前教师队伍不稳定、心理失衡等问题的解决，仅靠思想政治工作是不够的，还有赖于深化教学改革，有赖于大环境的改善。这已不仅仅是外语教学部门的事，还是各级教学行政部门和学校领导共同的责任。

第九，教学观念落后。当前，高校中仍有部分大学英语教师的教学观念滞后，应试教育观念根深蒂固，对素质教育重视不够。受此观念影响，大学英语教学普遍只注重知识传授和积累，脱离实际运用。以教师为中心、以课堂为中心、以课本为中心的教学模式依然是部分大学英语教学的主题。课堂教学还是采取"满堂灌"的方法，教学手段单一，多数还是采取一根粉笔外加一块黑板的形式，容易造成课堂气氛枯燥、烦闷、压抑，学生学习兴趣低下。此外，有些英语教师不重视及时"充电"和教学反思，不能更新知识储备，不能把相关的信息融入课堂教学。

这样的课程自然难以吸引学生，长此以往，学生就会对教师的能力产生怀疑，结果必然影响教育教学的质量。

总而言之，大学英语师资队伍的建设是当前大学英语教学改革与发展过程中的首要问题，应及时更新大学英语教学理念、优化大学英语教师跨文化、跨学科的知识结构，完善知识体系，全面提升大学英语教师的科研能力和学术水平，进一步明确大学英语教学研究的学科建设定位，从而全面、科学地推动我国高校大学英语师资团队专业化建设的发展。

二、加强大学英语师资队伍建设的应对策略

第一，稳定并补充现有的大学英语教师师资队伍。拥有一支一定数量和质量稳定的教师队伍是保证大学英语教学健康发展的先决条件。教师是保证学校教学工作顺利开展的主力，调动教师工作的热情、提高教师工作的积极性、激发教师的创造力是保证教学活动得以顺利实施的重要前提。高校管理者要注意发挥思想工作上的优势，努力营造一个和谐、竞争、合作、友好、共同进步的人才成长环境和学习氛围，尊重知识并尊重人才。此外，要进一步加大师资的引进力度。要主动出击，广泛收集人才信息，充分调动一切可以调动的积极因素，充分利用一切可以利用的有利条件，主动到重点大学、科研院所和大型企业的一线去招聘人才，重点是引进高层次、高质量的人才。在引进人才的同时，还要处理好流动与稳定的关系。加强师资队伍建设，既需要流动，也需要稳定。要真正做到"事业留人、政策留人、感情留人"，就必须在教师职称评聘、校内津贴、专项经费、住房分配等方面，向一线教师倾斜。

第二，提高教师的业务素质。在教与学的过程中，教师处于主导地位，因此教师自身的素质至关重要。教师，特别是大学外语教师，绝大多数都毕业于文科、理科院校和师范院校，大多数教师都是单纯的语言教师，对自然科学、工程技术实践知之甚少，结果在教学上会遇到很多困难，无法用外语准确表达专业性强的知识，所以提高外语教师的专业素质就显得尤为重要。另外，教师也要根据教学内容和教学方式的改变进行相应的调整。解决办法之一是对现有教师进行专业知识的培训，对实践能力进行训练。对专业性强的专业，引进具有较高外语水平的专业课教师进行外语教学工作，并对专业课教师进行外语培训，把外语教师与专业教师安排在同一个教研室，促进沟通，增进交流，共同教研，共同进步。

第三，提高教师的科研能力。教师的科研能力是其专业能力发展的重要因素，也是高质量教学的本质动力。教师应成为学者型教师，而不只是教书匠。科研是促进教学改革的有力手段之一。因此，我们要针对目前大学英语教师科研总体水平不高的状况，增强教师的科研意识，把科研作为提高自身学术素养和学术水平的途径。同时，还要增大科研投入力度，加强学术交流与合作，对教师进行语言教学科研方法的必要训练。只有整体的科研能力提高了，教师队伍才能产生质的变化。

第四，树立全新的教学观念。大学英语教师要树立全新的教学观念，首先应该作出转变的一个观念是打破以往"以教师为中心，以学生为附属"的教学模式，应逐渐加强学生的主体作用，树立以学生为核心的新型大学英语课程观。这种课程观与以往狭隘的教育观念相比，提倡学生是学习的主体，发挥学生的自我能动性，从而更好地获得发展。它映射到教学实践上，就要求广大教师不仅关注学生智力水平的发展，还要时刻注意学生心理水平等方面的变化。其次，教师要从观念上改变"满堂灌"的一贯做法，创造民主开放的教学局面，将教学过程视为师生共享经验的过程，以民主开放的方式指导和组织教学，从而使学生自主、自理、自立。最后，教师要树立发展型的教学评价观。发展型教学评价思想出现于20世纪80年代，是一种以"建构主义"哲学观为基础的评价理论，它强调被评价对象的积极主动参与，是一个对评价对象的培养过程。正因为如此，教师和学生双方要共同承担发展目标的任务，进行多元性的评价，形成螺旋上升的状态，完成培养过程。

第五，建立完善的在岗培训制度。现阶段的大学英语教学改革要求教师具备教学实施过程中多方面的专业知识，在教师很少有机会出去进修的情况下，重视教师的岗中培训显得尤为重要。因此，各种形式的中短期学术研讨会、培训会越来越受到广大大学英语教师的欢迎。他们都努力争取机会，开阔学术视野，加强与学术界同行的交流。但有一项调查结果显示，仍然只有四分之一的教师能得到每年约一次的这种学术交流机会，这远远满足不了广大教师的实际需求。由此可见，建立完善的大学英语教师在岗轮流培训制度已迫在眉睫，只有这样，才能在一定程度上帮助大学英语教师跟上大学英语教学的发展趋势，明确自己的教学和科研工作方向，提高教师素质。另外，大学英语教师不能被动等待培训机会，要充分利用互联网这一技术手段，不需要中断教学工作，便能在线学习相关课程，开展相关领域研究，同时可以向国内外专家、同行进行持续的咨询和探讨，这是提高自身业务水平的便捷方法。师资队伍建设是学校工作永恒的主题，也是高校人事管理工作的重点，没有一流的师资队伍，就不可能产生一流的学科，而学科的改革与创新是其发展的必然趋势。英语教学改革与创新是全球化社会和全球化经济的产物，我国大学英语教学正面临着这种发展的机遇与挑战。英语教学的终极目标是让学生能开口说英语，学生的英语综合应用能力随之提高。而实现这一目标的重要因素在于建立一支高水平的大学英语教师队伍。因此，加强师资队伍建设，充分发挥各级教育管理部门、高校教师自身的能动性，培养与时俱进的、具有反思能力的教学研究型教师，提高教师队伍整体素质已成当务之急，直接影响着大学英语教学目标能否实现。

第六，转变思想，树立"以学生为中心"的教学理念。传统的大学英语教学是教师按照既定的目标和方式传授词汇、课文等内容，学生只是被动地接受教师"满堂灌"的知识，但这种"以教师为中心"的传统教学观念已经无法适应高等教育发展的新趋势。《大学英语课程教学要求》明确提出，要逐步实现"以教师为中心"向"以学生为中心"的教学模式的转变。在教学活动中，教师已经不再是静态知识的传授者，而应当成为动态学习能力的引导者和促进者，学习活动方案的策划者、组织者，课程资源的提供者、开发者，教学实践的合作者与研究者，大学英语教师要确立学生在教学活动中的主体地位，使其学习向着个性化、自主化方向发展。

第七，树立"终身学习"的观念，提高业务素质和文化修养。扎实的英语基础、良好的听说读写技能、准确流畅的语音面貌，是一个合格的大学英语教师所应当具备的基本素质。在此基础上，优秀的大学英语教师还应当具备丰富的外国文学、文化和社会知识。在现代学科朝着相互渗透、相互融合的方向发展的今天，除了具备深厚的专业知识和较高的专业技能以外，大学英语教师具备一定的跨专业知识也是必要的，教师应掌握一些相关学科的基本知识，了解一个学科与另一个学科之间的联系，懂得各科通用的科学方法论原理，培养综合、跨学科知识的能力。大学英语教师要树立"终身学习"的观念，克服工作、学习中的实际困难，坚持自学或者参加相关培训，提高自己的学历、知识层次和综合素质。各高校也应致力于为大学英语教师争取更多的培训、进修机会，鼓励他们到国内外一流大学或者研究机构进修、学习，最大限度地获取前沿学科知识，学习新的教学理念和方法，不断提高业务水平和教学质量。

第八，迎难而上，提高运用现代化多媒体技术的能力。现代化信息技术，特别是在多媒体和网络技术飞速发展的今天，这一切都为大学英语教师开展多样化教学提供了前所未有的发展空间。了解并应用现代教育技术已经成为当今大学英语教师的一项教学基本功。大学英语教师要克服不敢尝试新事物的心理障碍，提高动手能力，大胆运用网络、设备和软件；要对教学实践和教学资源进行整合、开发、使用、管理和评价，结合多媒体、网络教学与传统课堂教学的优势，把现代化信息技术优势转化为教学优势。高等院校在师资队伍建设的过程中，也要有针对性地对大学英语教师进行多媒体现代教育技术培训，并制定相应的配套方针政策，鼓励和督促大学英语教师掌握、运用现代化信息技术，把信息技术变成教学内容和教学实践的真正推动力和手段。

第九，强化学术研究意识，提高学术科研能力。部分大学英语教师的科研意识淡薄，他们普遍存在着"重教学、轻科研"的思想，加以学历层次偏低、科研时间较少、科研环境欠缺、科研经费不足等客观因素导致了大学英语教师的科研水平不高，科研成果不多。联合国教科文组织在《学会生存》的报告中指出："教师的职责现在已经越来越少地体现在传递知识方面，他必须集中更多的时间和精力去从事那些有效果和创造性的活动。"对此，广大高等院校大学英语教师都应当有一个清醒的认识。科研工作是大学英语教师提高自身素质的重要途径，也是教师素质的具体表现之一，更是大学英语教学工作中不可或缺的一项工作内容，把教学和科研割裂开来是不科学的。教师应当树立以教学促科研、以科研指导教学，把教学和科研融为一个有机整体的意识。各大高校也应充分考虑大学英语教师的科研现状，在科研经费、科研条件、学术交流、出版发表、成果奖励等相关政策上予以倾斜和扶持，才能够尽快改变这一状况。高校应该致力于促进大学英语教师从"教书匠"向"研究型教师"和"专家学者型教师"的方向发展。

第四节　大学英语教学改革的发展历程及其成果

大学英语课程自开设以来一直随着时代脉搏不断进行着教学改革。尤其是进入 21 世纪以来，在各方的努力下，大学英语教学改革取得了丰硕的成果。本节主要从两个方面入手，首先回顾一下大学英语教学改革的发展历程，然后略述一下大学英语教学改革取得的成果，尤其是近年来的发展状况和成果。

一、大学英语教学改革的发展历程

本书把中华人民共和国成立后至 1978 年的这一阶段划分为大学英语发展历程中的第一阶段。在这一个阶段中，大学英语课一直被称为公共英语课。

1978 年至 1984 年是大学英语发展史上的第二个阶段。在这一阶段，外语教学包括大学英语教学开始逐渐恢复，教育部召开了全国性的外语座谈会，形成了《加强外语教育的几点意见》(以下简称《意见》)，参照这个《意见》，各项工作也在逐步开展，大学英语教学也逐渐步入正轨，不仅有了公共英语教师培训计划，还设立了公共英语教师的培训中心，成立了高等学校理工科公共外语教材编审委员会，编写了教学大纲和通用教材，成立了中国公共外语教学研究会。

大学英语发展的第三个阶段可以说是从 1985 年至 2001 年，这期间大学英语教育事业取得了巨大进步，表现在很多个方面。首先，教育部正式颁布了《大学英语教学大纲(高等学校理工科本科用)》，由此，"大学英语"这个名称开始逐渐替代"公共英语"；成立了大学外语教材编审委员会，并专门下设了大学英语编审组，此后还在其基础上成立了高等学校大学外语教学指导委员会；这期间还出版了《大学英语教学大纲词汇表》以及根据新大纲编写的大学英语教材，如由董亚芬教授审定上海外语教育出版社出版的《大学英语》、杨惠中和张彦斌主编高等教育出版社出版的《大学核心英语》等；其后，《大学英语教学大纲通用词汇表(1—4级)》和《大学英语教学大纲通用词汇表(5—6级)》相继出版；此间还有一个重要的事件，那就是大学英语四、六级标准考试设计组正式成立，大学英语四、六级考试实施至今对大学英语教学及其改革影响巨大，为了对大学英语教学起到积极的、更好的影响作用，大学英语四、六级考试也不同程度地进行着改革。

2002年至今是大学英语发展的第四个阶段，随着我国社会主义各项事业的蓬勃发展，这阶段大学英语教育事业也进入了快车道，尤其是为了解决高校不断扩招引发的新的问题和挑战，大学英语教学改革又迈出了坚实的新的步伐。首先，这期间经过不断的修订改善，制定了《大学英语课程教学要求》；启动了包括"大学英语网络课程"的"新世纪网络课程建设工程"和"高等学校教学质量和教学改革工程"；推行了基于计算机和课堂的英语教学模式，高等教育出版社、清华大学出版社、外语教学与研究出版社、上海外语教育出版社等开发了"大学英语教学软件"；为了进一步推进改革，教育部高教司原司长张尧学还专门发表了《加强实用性英语教学，提高大学生英语综合能力》等文章，对大学英语教学提出了自己的建议；教育部还专门成立了大学英语教学改革联络办公室，并创办了"开创英语新时代"网站(http：//www.cetr.Edu.on/)，这个网站介绍了不同类型不同层次的高等院校开展"基于计算机网络教学模式"的大学英语教学改革的进展情况，为大学英语教学改革交流提供了一个很好的信息平台。

二、大学英语教学改革成果

大学英语教学从中华人民共和国成立至今，已历经60余年，这期间我国社会各个层面都发生了翻天覆地的变化，尤其是十一届三中全会以来，各方面都取得了丰硕的改革成果，大学英语也不例外。

2004年到2007年《大学英语课程教学要求》的制定、修订与正式颁布标志着大学英语改革步入了一个全新的阶段；基于计算机与课堂的大学英语新教学模式的推广、大学英语网络教学软件的研发与网络化以及诸多立体化的大学英语教材开发建设与面世为大学英语改革提供了更为有利的条件；大学生口语表达能力和书面表达能力大幅提高；大学英语师资队伍的日渐强大，大学英语教学研究项目无论是在数量还是在研究领域的多元化上都取得了突破性的成绩，这些都是大学英语教学改革的丰硕成果。

截止到2008年，就有复旦大学、上海交通大学、华南理工大学、清华大学、东南大学、浙江大学、北京大学、南京大学、东北大学、北京交通大学、西北工业大学、宁波大学、北京邮电大学、河北科技大学、重庆大学、湘潭大学、西南交通大学、北京理工大学、黑龙江大学、华中科技大学、中南林业科技大学、北京科技大学、扬州大学、河北大学、南京航空航天大学等25所高校的大学英语课程被评为国家级精品课程；2009 年共有 7 所学校的大学英语课程被评为国家级精品课程（电子科技大学、山东大学、武汉大学、西南大学、中国人民大学、中山大学、苏州大学）；2010 年有 6 所院校的大学英语课程被评为国家级精品课程（北京工业大学、郑州大学、湖南大学、南开大学、南京师范大学、江南大学）；2001 年有 3 项大学英语教学成果获得高等教育国家级教学成果奖，2005 年有 6 项大学英语教学成果被评为第五届高等教育国家级教学成果奖；2009 年有 7 项大学英语教学成果被评为第六届高等教育国家级教学成果奖；2007 年度国家级教学团队中有 1 个大学英语教学团队（湖南师范大学）；2008 年度国家级教学团队中有 3 个大学英语教学团队（北京交通大学、浙江大学、华南理工大学）；2009 年度国家级教学团队中有 3 个大学英语教学团队（上海交通大学、东南大学、重庆大学）；2010 年度国家级教学团队中有 2 个大学英语教学团队（河北科技大学、西北工业大学）；目前，共有 38 所大学英语国家级精品课程，仅 2007 年至 2010 年就有 9 个大学英语教学团队获得国家级教学团队立项建设，而在最近三届的国家级教学成果评比中有 16 项获得国家级教学成果奖，不仅如此，在各省中的大学英语省级精品课和教学团队不胜枚举，大学英语获得省级教学成果奖的也为数不少。

第三章 信息技术与大学英语教学的关系

第一节 信息技术与英语教学深度融合的机遇与挑战

一、信息技术与英语教学融合带来的机遇

随着素质教育的开展和科学技术的进步，现代信息技术对于学校教学起着越来越举足轻重的作用。信息技术由此为教师的教学工作带来新的挑战和机遇。教师需要更新观念，实现角色转变，并学习在教学中合理、正确地使用多媒体和信息技术，优化教学方式，模拟学习情境，激发学生学习英语的兴趣，扩大知识面，增加阅读量，培养自主探索的能力和文化素养，提高教学的有效性和时效性，实现资源共享。

随着我国突飞猛进的发展和全球经济一体化的进程，知识文化的传播方式也发生了一系列的变化，信息文明已经越来越成为人们生活工作中不可或缺的重要部分，极大地改变了人们的思想观念和行为习惯。人们在享受数字信息带来的便利的同时，传统的教育观、人才观和教育模式也都面临着新的挑战，这就引起了教学的思想、内容和方法上的深刻变革。

英语教学作为这一课题的重要组成部分，要求教师及时转变教学观念，改进教学方法，积极学习信息技术，以实现传统教师角色的转换，适应信息社会对于教师所提出的新要求。当然，信息技术在提出挑战的同时，为英语教学提供了更多的机遇，它引领教师走上一条新的英语教学的道路，为激发学生的英语学习热情、提高英语的应用能力打开了更为广阔的天空。下面就分别来讨论一下信息技术为英语教学带来的挑战和机遇。

信息技术已经逐步渗透到英语教学的各个方面，如电子课件、多媒体教学、

远程教育、计算机辅助教学等,这些在为教学带来巨大方便的同时,对教师的学习和创新能力提出更新更高的要求,英语教师需要积极学习新的知识和技术,学会操作各种多媒体设备,不断更新自己的知识结构,扩大自己的知识容量,这也符合现代社会对人才的要求,那就是"活到老,学到老"。

另外,信息技术和多媒体设备的普及,使学生的学习途径更加多样化,除了在学校课堂上学习之外,还能够借助网络课堂、电子书籍、英文视频等来提高自己的词汇量和听说读写的能力。但是如果学生运用不当,又会出现负面作用,从而阻碍英语的学习。这就使英语教学面临新的问题:如何使学生正确合理科学地使用信息技术和多媒体来学习,这需要广大英语教师思考。

在信息化社会的背景下,英语教师要积极应对,更新观念,实现角色的转变,来适应新形势对于英语教学的要求。所谓更新观念,就是要求教师树立新型的教育观、人才观和方法论,不断更新自己的知识结构,使信息技术更好地为英语教学服务。所谓转变角色,是要求英语教师在教学活动中,不再固守传统的角色定位,由传统的知识传授者,转变为学生学习的引导者和监督者,课堂教学的组织者和示范者,并且随着信息技术的发展,还会发现更加多样的角色。

信息技术把计算机与艺术相结合,可以使信息的获得和传播实现强烈的艺术感染。课堂的内容可以通过图像、视频、动画、声音等来表现,使课堂更加充满感染力。何克抗教授在《创造性思维理论模型的建构与论证》一文中指出:基于言语概念的逻辑思维离不开表象。任何语言的抽象概念和形式结构如果不能通过表象来表现,就不能表达出应有的意思。对于一门从未接触过的语言,学生缺乏对这门外语的了解和体验,因此很难挖掘出对这门语言的热爱和求知欲。所以,这就要借助于多媒体为学生营造出形象生动的环境,使学生能在身临其境中使用语言,从而达到学习语言的目的。

夸美纽斯说过:"兴趣是创造一个欢乐和光明的教学环境的重要途径之一。"人们总是对自己感兴趣的事情才能真正投入热情和努力,才会主动自觉地学习而不会感到枯燥。但是,在从小到大的英语学习中,因为一成不变的传统教学模式,很多学生已经逐渐丧失了对英语的兴趣,并且因为英语学习的枯燥和抽象化,造成其英语学习上的困难,从而降低了对于学习英语的信心。然而,现在在多媒体技术的辅助下,教师可以模拟出在日常工作学习生活中的现实情境,与现实生活紧密联系,使学生如置身于真实的情境中,曾经抽象的英语语法变得具体,曾经枯燥的英语知识点变得生动形象，多媒体技术可以把平面的英语知识转化成图文并茂的语言知识，转化为动态的视频，把听说读写结合起来。

在目前的教学中，存在学生英语阅读量小的问题，这是因为学生手中的资料有限且更新慢所造成的。现在互联网上有大量的英语学习网站，包括一些名校的英语学习资料，可供学生浏览和下载，这样学生就可以在课下通过更多的途径来提高自己的英语阅读水平。

英语是国际公用的语言，为全球的跨文化交流起到了桥梁的作用。因此，英语的学习就是一种跨文化的学习和交际活动。现代信息技术可以为跨文化交流能力的提高起到促进作用。学生可以通过互联网收听 VOA、BBC 等新闻时事，在锻炼听力的同时，了解当今国际时事，掌握社会发展趋势；学生也可以从因特网上找到经典的国外原声影片和纪录片，了解各地风土人情和当地文化；学生还可以通过网络了解最新音乐资讯，学唱英文歌曲，对于英语学习也大有裨益；另外，还能通过网络看英文经典著作和诗歌等。这些在提高学生英文水平的同时，还能提高他们的文化修养和知识素养，全面提高学生的素质。

传统的教学模式都是以教科书、习题册和磁带等实物形式出现的，由于教材等编写的问题，造成教学内容的滞后性，可能会与社会和语言的变化相脱节，造成学生所学非所用。而信息化教学就解决了这一问题，为教学提供了及时的、生动的课外资料和补充。另外，传统的备课、考试等环节都依赖于纸质的教材、试卷，对于信息的查找、整理、选所需要的时间成本会大大高于使用数字化信息技术，其效率也势必要远远低于数字教学。而通过电脑、投影仪等设备，可以轻松地提供学生以图像、视频、声音等形式，生动地呈现出原本抽象、晦涩的理论内容。

21 世纪是一个信息爆炸的时代，每天都有大量的信息资源通过各种途径和方式在进行传递。但由于某些局限性，不可能获取所有自己所需要的信息，这就需要信息的共享。信息技术为此就提供了巨大的便利。比如，可以通过信息搜索来查找任何自己需要的内容；也可以通过网络资源共享，把自己所有的资源共享到服务器给需要的人使用；还可以通过存储和输出设备（如 mp3、mp4 等）来进行信息的传递，既便于携带又经济环保，而且还可以随时更新。这些都是通过信息技术来实现的。

随着人类社会的发展和科学技术的进步，越来越多的数字化技术和设备被广泛运用到日常生活和工作中。教师在运用信息技术进行英语教学时，能够深深体会到其对于提高英语教学质量和效率的巨大作用。英语教师要认识到，信息技术能够辅助教学工作的开展，同时教学工作又能推进信息技术的进一步发展，二者是相互影响、相互作用的。面对信息化的浪潮，教师要积极更新观念，转变自身角色，充分调动自身的主观能动性，挖掘自己和学生的潜能，与时俱进，勇于迎接挑战，相信在信息技术的帮助下，英语教学之路会走得更好更远。

二、信息技术与英语教学融合带来的挑战

21世纪以来，信息技术快速发展，信息技术的广泛应用推动着教育教学的重大变革。从20世纪90年代欧美等国就开始信息技术与课程教学融合的研究，到2008年真正的第一门慕课诞生，2012年以后大量慕课呈现在网络，至2014年我国慕课在线注册人数已达65万。在全球信息化的浪潮中，职业教育同样需要开展一系列教育改革。我国对于职业教育信息化建设十分重视，《国家中长期教育改革和发展规划纲要（2010—2020年）》《教育部关于进一步推进职业教育信息化发展的指导意见》《教育信息化十年发展规划（2011—2020年）》《现代职业教育体系建设规划（2014—2020年）》都强调要加快职业教育信息化建设，以信息化推动职业教育现代化。作为职业教育最高层的高职教育，其信息化建设的意义与作用显而易见。信息技术与职业教育的融合并不是简单的技术引入与应用，将改变传统课堂教学结构与模式乃至学校教育体系的根本性变革。解文明等教授认为教育教学与信息技术深度融合要"创建新型教学方式，建立课堂教学与基于网络的自主学习相结合的混合式学习的教学模式"；余胜泉教授支持"突破既有体制制约，以信息化服务为核心，推进教学管理模式的组织结构实现优化和变革"。张永涛、藏志超等教授强调，重点是"改变教育教学方法，通过创新搭建新型学习平台，个人空间，通过学习者主观能动性推动信息技术在教学中的应用"；胡晓松教授认为"以教学手段创新为起点，在教学组织形式、教学内容及呈现方式、教与学关系乃至教书育人进行一系列创新，创设有支持的自主学习的全新教育模式"。李玉顺教授提出，强调深度整合不应忽视教师的作用，"要以提升教师能力推动信息技术与教育深度融合，提高技术辅助下的教与学方式创新、信息技术与教学融合的水平"。

本科教育部分课程正进行信息化与教学融合的课程改革，如翻转课堂和思政慕课等，学生学习效果反映良好，可是高职教育信息化还未开展推广。以乘务学

院为例，目前该院毕业生90%以上就业于各大航空公司，而用人单位普遍反映该院毕业生英语水平较低。针对这一问题该院一直坚持重视英语课程，聘请大量师资采用小班教学，一个学期英语课程可达160课时。但是学生的英语水平并没有显著提升，相反英语相关证书的取证率逐年下降。与此同时，学生抱怨英语课程太多不爱学，教师硬着头皮教，推着学生学。为了让学生课上专注，学院也想了不少办法，比如避免信息化的干扰——收取手机，避免课上睡觉——加大课堂提问和作业检查力度，避免课上闲聊——减少课堂讨论。然而这些方法没有从本质上改变学生对英语课的态度，学生上课状态低迷，课堂教学效果不理想。

调研发现，在信息化时代，如果说学生完全排斥英语是不准确的，学生每日依赖网络通过手机获取国外英文资讯、观看英文电影，欣赏英文歌曲等，但就是厌恶在课堂上捧起英文课本学习英语。英语基础弱的学生认为课本内容复杂、专业、枯燥，从而产生放弃的想法；而英语基础强的学生则认为内容过于浅显，自学就能轻松完成学习，课堂不能满足自己的学习需求。在这种情况下英语课堂学习气氛愈来愈差，成绩差的学生看到成绩好的学生都不认真听课更加肆无忌惮。

若将信息技术适当地引入英语课堂，构造多模态的网络生态环境，可以改变以教师为主宰的传统课堂，突出以学生为主体，引入更多的教学资源，以多模态形式展示教学内容，激发学生的学习兴趣，调动学生的主动性；突破教学重点与难点，从而增强英语课程教学效果与提高质量。

教师应该转变观念，少抱怨学生基础差；创新教学活动、改进教学方法，更新教育观念。最终目的是让学生掌握知识并且在实践中灵活运用；所以教学的终端是学生，而不是教师个人才能的展示。让学生参与课堂，发挥其在课堂中的主动和能动作用；树立学生在课堂上的主体地位，让学生成为学习知识的主人，使学生从被动的学习者转变为主动的学习者，从而建立高效课堂。依靠互联网和信息技术的进步，翻转课堂、慕课、微课、各种学习应用软件、网络学习平台等的兴起，让学生成为主体地位更容易实现，而教师则转变为学生学习的幕后工作者，借助信息技术通过引领、督促、检查与推动帮助学生完成学习任务。强调学生是学习的主体，是信息化教学的直接参与实践者，更是终端受益者。教师运用多种模态，具体生动地向学生展现教学内容，如一系列动态图片、音乐音频、影片片段、动漫演示等，激发学生的英语学习兴趣，使他们对教学内容更易于理解并印象深刻。在传统英语课堂中，为了掌握学生的作业和学习情况，教师不得不占用大量课堂教学时间。在课堂检查的同时，也会造成其他学生的分心与等待。阶段考试更是需要聘请大量教师协调时间耗费至少四个课时才能完成。若是将信息化合理引入，课后教师可以使用网络学习平台和测试 APP 进行作业布置，在规定的时间内学生需要完成在线测试和语音上传，更灵活地安排时间检查学生作业，完成批改。同时信息化软件可以将每个学生的学习过程完整地记录下来并且根据相关设置进行成绩分析，快速生成数据。教师可以根据学生的测试记录为学生推送不同等级的资源和安排个性化的学习，加大对学生的语言输入力度，人为最大化地创造英语语言学习环境。利用信息化教学手段，可以体现学生的主体地位，开展个性化的教学与测试。

信息化教学的学习方式有别于传统教学方式，主要表现在其灵活多样性。课堂不再是传授知识的唯一场所，课本不是仅有的学习资源，互联网提供丰富的信息知识补充课本内容；教师不仅仅是知识的灌输者，更是学习方法的引导者，未解知识的解惑者。课堂教学与现代信息技术的合理融合，通过丰富自主学习的知识资源，拓宽自主学习的路径，正确引导学生自主学习，改变学生习以为常的"被动式"学习模式，为学生养成终身学习的习惯打下基础。

在高职传统教学中，师生互动只限于课堂；师生之间并不熟悉，学生甚至认不出自己的授课教师。采用信息化辅助教学，师生互动将不受时间与地点的约束，学习过程从固定单向灌输转变为双向互动的多元化模式。课前，教师在学习平台发布课前预习任务单，推送相关学习资源；课中，教师可选用最新的英文新闻与视频，吸引学生参与课堂并鼓励其大胆发言，利用学习平台快速建立讨论小组，布置思考题组织学生自行查找资料整理后找到答案，增强学生自主学习的信心。课后，利用平台布置作业，群里及时统一答疑解惑和辅导与纠正单个学生，拓展课堂知识帮助有能力的学生进行深一层次的学习。

采用互联网信息化教学手段，教师不再是单纯的独裁者和灌输者，而是课堂的引导者。利用信息技术教师可突破固定课本内容的局限，为学生提供丰富生动及时热门的学习资源，让学生接触到来自不同国家与地区的英语母语者发音，提高学生的听力理解能力，真正实现英语的无障碍交流。强调学生为课堂主角，让学生真正成为学习知识的主人，由被动学习者转变为主动学习者，学生参与课堂发挥主动和能动作用；结合案例教学法和情景教学法，培养学生的分析能力和解决问题能力，从而建立高效课堂。信息化融合的英语教学，教师不仅需要良好的专业知识素养，课堂组织能力，还需要掌握现代化信息技术，如操作各种软件、制作视频动漫、搭建管理学习平台、与学生进行"线上线下"互动和数据统计与分析。关注学科的前沿科技最新理论，与时俱进，并且乐于与学生分享和讨论，拓展思路。

职业教育信息化与教学融合可以突破传统的教学方式，激活新的思路，新的教学方式可以创造多元化互动式的学习新文化，从而提升学习效率。强调学生为主角，教师不再是单纯的独裁者和灌输者，而是学习的引导者；让学生真正成为学习知识的主人，由被动学习者转变为主动学习者，培养自主学习能力。每一个学生都是一支需要点燃的火炬，在信息化时代教师必须积极学习、拓展思路、与时俱进，调整与学生的关系，建立平等的、民主和谐协作的关系，成为学生的点火者、引路人。

随着现代信息技术与大学英语教学的深度融合，产生了微课、慕课、翻转课堂以及网上自助学习平台等多种新的混合教学模式。这种多元化的教学模式对大学教师的信息技术素养、教学方法和手段提出了更高的要求。

在信息技术飞速发展的今天，网络资源极大丰富，学生能够通过网络获得海量的专业知识，教师不再是学生获得知识的唯一来源，也不再是专业知识的专享者。教师的信息优势被打破，如不加强自身专业知识的深度学习，不了解学科前沿动态，就很难适应大学英语教学内容的更新和学生对英语专业知识的更高要求。而且由于传统大学英语教师所学专业的局限和学科背景的单一，知识结构大多囿于英语语言文学范围，在互联网+时代背景下面对来自不同学科背景的大学英语学习者时，学科知识会显得狭窄，很难满足学生对自己所学专业相关英语知识的需求。

随着21世纪人类已全面向信息社会迈进，培养创新型人才需要信息化教学环境的支持。在传统的大学英语教学中，教师只是课程内容和教材设计的执行者、实施者，而在互联网+时代背景下，教师必须要逐步转变为教学内容的开发者、设计者，才能更好地利用网络辅助英语教学。因此需要有熟练的电脑操作技术，熟悉各种教学软件、能制作精美的教学课件；同时还必须具有较强的网络管理能力，能利用微信等积极参与网络资源的建设和网络平台的管理；此外还需要具备制作微课所需的相关技术，如视频音频录制、剪接、配音、合成等。因此，大学英语教师必须跟上时代的步伐，否则就会被信息时代和网络时代淘汰。

在传统的大学英语教学中，教师主要靠口头讲述和板书进行知识的传授，而学生基本处于机械记忆、被动接受状态，教学形式单一枯燥。而在信息技术时代，计算机网络技术成了辅助大学英语教学的必要手段，慕课、微课、微信、自主学习平台等相继投入使用，如果教师继续沿用传统的教学方法，不及时更新、采用先进多样的教学手段，教学效果势必大打折扣、教学质量难以提高。

网络资源的开放性使得信息资源丰富、及时，唾手可得，还意味着信息资源的共享，部分学生甚至有可能比教师提前或者更全面地掌握一些信息。尤其是慕课和网络公开课展现了很多名校、名师，名家的教学过程，使得学生对大学英语教师自身的专业知识有了更高的期待和要求，因此大学英语教师必须加强专业知识的学习，不断完善自己的语音、语法和语言组织能力，同时关注本专业领域的学科前沿动态并将其运动用到自己的教学过程中，以激发更多学生英语学习的积极性。

此外，大学英语教师还应努力拓宽自己的知识面，更多涉猎不同专业专门用途英语的知识，如医学英语、法律英语等，以适应不同专业背景的大学英语学习者的要求，同时为大学英语高年级阶段开设后续课程做好准备。总之，大学英语教师应树立终身学习的理念，努力提升自身专业水平并不断更新知识结构。

在"互联网+"时代背景下，传统的"填鸭式"教学方法已不能适应大学英语教学，一支粉笔一块黑板的传统手段和配置也已无法满足当代大学生的求知欲。大学英语教师要善于学习，除了熟练运用多媒体设备授课，增强课堂吸引力之外，还应充分利用微信、自主学习平台等多种辅助手段和慕课、微课等丰富网络资源为学生设置具体学习任务并检查学习效果，从而实现"平台、教师、学习者和学习资源的深度互动"。同时还能让学生有效利用课余和碎片时间，将大学英语的学习贯穿于整个学习阶段，使课余课后的自主学习规律化、常态化，以督促和帮助学生养成良好的语言学习习惯。

同时，大学英语教师还应勤于思考，着力改进传统的教学方法。不再沿袭过去教师一人唱独角戏，学生被动接受的教学模式，而是借助多媒体影音设备，为学生创设生动有趣且真实的英语学习情境，让学生主动参与到语言练习活动中来，增强交流性和实用性；此外，教师也可以将学生分为若干学习小组，为其设定具体学习目标，让学生就课前布置的微课、慕课、视频话题和内容进行讨论，最终以汇报、辩论、表演等方式呈现学习成果，促进学生合作学习、增强团队意识，而教师本人也应以合作者和引导者的身份加入活动中，同时答疑解惑，以"润物无声"的方式将语言教学的要点渗透到课堂活动中；大学英语教师还应特别注重培养学生的问题意识，启发、鼓励学生大胆提问、质疑，从而在英语课堂教学改革过程中真正为学生构建起一个体验、探究、合作、交往、互动的英语学习平台。

随着计算机网络技术的不断发展，现代信息技术与教学的结合无疑已是大势所趋，这一结合给当代大学英语教师提出了更高的要求。一方面，大学英语教师必须具备基本的计算机操作和网络知识，才能具有搜索网络信息和资源的能力，才能与层出不穷的新知识、新信息保持同步，进而不断更新和改进自己原有的专业知识体系；另一方面，在信息时代，当学生面临浩如烟海、良莠不齐的英语学习资源冲击时，只有具备必要的信息技术能力，才能恰当整合网络资源、进而给学生推荐、传授正确、适当的语言知识信息，让学生受益；此外，大学英语教师还应积极参加信息技术培训，不断学习新的信息技术如：计算机操作、PPT 制作、音视频录制剪辑合成、网络平台的控制与管理等，将自己的专业知识和教学理念以及学生个性化的学习要求融入自己的 PPT、微课或是网络公开课开发中，从而制作出具有鲜明个人风格特色的教学内容。只有这样，大学英语教师才能真正成为课程的开发者、设计者，从而适应日新月异的时代发展。

在网络技术飞速发展的信息化时代，资源的及时性、丰富性和开放性让教师失去了原有的资源优势，同时随着国际交流和跨文化交际的日益频繁以及社会和学生的要求不断提高，大学英语教师面临着巨大的冲击和挑战。要想适应这一形势，大学英语教师务必要转变自己的角色，明确自己的定位，做学生学习的促进者，引导者，课程的开发者，设计者，教学改革的研究者，实践者，树立终身学习的观念，不断自我完善，谋求发展。率先掌握教育信息技术，具备收集、整合资源和运用、传授信息的能力，积极探索"互联网+"环境下的英语教学改革问题，以不断提高英语教学质量，为培养具有较强语言交流和综合运用能力的复合型人才做出贡献。"互联网+"时代背景下新兴、多元混合教学模式不会取代传统教育，但一定会让传统教育焕发出新的活力。

第二节　信息技术与英语教学深度融合的内涵与本质

一、信息技术与英语教学深度融合的内涵

现代教育中信息技术与大学英语教学的深度融合并不仅仅是把信息技术当成单纯的教学辅助手段,而是把信息技术作为一种促进学生自主学习、优化教师教学环境、提升教学质量与效果的工具。教师要主动学习先进的教学理念,充分运用现代教育信息技术,把其作为学生主动学习的认知工具、情景教学的创设工具、教学资源的整合工具,并将这些"工具"运用到教育教学实践中,使信息技术化为优质课堂的隐形助推力,成为课程内容的有机部分,以超媒体结构方式组织教学,设计、开发集文字、符号、图形、图像、活动影像和声音等多种因素于一体的教学课件,用多媒体技术解读、模拟或再现传统教学技术无法展示的课本对话或篇章场景、情景。实现信息技术与各种优质教学资源的有机融合,从而优化教学环境,从根本上改变传统的教学模式,大力培养学生收集获取英语语言信息能力、分析加工语法句型结构能力、英语交流应用能力、互助协作能力和自主创新能力,充分发挥学生的语言学习主体性、能动性和自觉性。教学中的信息技术应用不仅可以丰富教学内容、改变教学模式、优化课堂,而且可以在迎合学生的心理和时代发展特征的基础上,拓展学习空间。学生可以通过手机、iPad 等工具,利用信息技术网络教学平台学习与巩固课堂知识,搜集、预习语言文化背景知识以及学习参考资料等,也可利用信息技术进行自主听、说、读、写、译训练,进一步提高英语语言应用能力,养成自主学习的好习惯。

有效利用信息技术改革大学英语教学,不仅能创建新型教学结构,更可以革新教学思想、观念、理念,深化教学内容、教学方法、教学手段和教学过程的改革,实现教学效果最大化。

利用现代教育技术微信公众号和现代教育技术微信群建立"互励互教式"微课教学平台,可以拓展最初的课内知识点讲授,在"互励互教式"微课教与学下,学生对知识点的掌握、实践能力均有很大进步,思想道德品质也得到了很大的提高,教师从传统知识讲授者转变为知识的引导者,学生从知识的被动接受者转变

为学习过程的主动参与者，教与学的过程从课堂延伸至课外，大大提高学生的自学能力、积极性和主动性。希望通过本研究探索网络微课教学的规律，为今后更多的课程建设提供帮助。

二、信息技术与英语教学深度融合的本质

2017年1月，国务院发布《国家教育事业发展"十三五"规划》，明确提出全力推动信息技术与教育教学深度融合，利用混合式教学等多种方式，形成线上线下有机结合的网络化泛在学习新模式。该规划强调"互联网+教育"，意味着教育信息化为大学英语教学开辟了更为广阔的前景：大学英语教学不再拘泥于以教师为中心的知识传授，而是利用"线上学习"与"课堂教学"有机融合的混合式教学模式培养学生的英语应用能力。

此外，《大学英语教学指南》也提出了现代信息技术与大学英语课程相融合的教学理念，鼓励教师实施混合式教学模式，明确指出在此理念指导下采取的举措成效显著。一些研究者针对信息化时代的教学设计、教学模式和教学实践等展开了深入研究，但在混合式教学模式下，学生作为学习的主体，受到的关注较少。混合式教学模式以学生为中心，支持学生主动进行意义协商和知识构建，从而提高教与学的效果。实施混合式教学的有效途径就是切实发挥学生学习的能动性。然而，中国学生的在线学习经验缺乏、语言实践能力不足、自主学习意识薄弱、参与积极性不高、对混合式教学方式不适应，使得无论是在线学习还是基于在线学习的课堂教学都不能达到预期效果，从而成为有效开展混合式教学实践的"瓶颈"。本节以大学英语教学为例，探讨混合式教学模式下实践共同体对大学英语教学的作用。为信息技术与英语教学深度融合提供一个新思路。实践共同体（Community of Practice）也称为实践社团、实践社区。这个概念最初由社会学家Lave等提出，指的是对某一特定知识领域感兴趣的人互相发生联系，围绕这一知识领域共同工作和学习，共同分享和发展该领域的知识。Wenger-Trayner团队指出，实践共同体的三个结构要素是知识领域、共同体和实践——知识领域决定共同体成员的共同兴趣和身份感，他们受共同愿景的驱动，联系在一起共享、应用、创造知识，促进自我成长；共同体是学习的社会情境，其成员交流协作、互帮互助，共同实践、共同学习；实践是成员主动参与学习、发展共享知识资源并进行实际运用，成员在实践活动中学习知识，然后又将知识运用到实践中，以获得新的实践知识。

实践共同体的形成对有效学习的发生有积极的促进作用。实践共同体的知识转化是一个正反馈循环，正反馈使得共同体成为一个学习主体，在实现个人学习的同时有效促进动态知识生成。实践共同体的维持和发展可以通过组织的参与和管理，提高知识共享水平和效果。这一理论适用于课堂研究，对课堂建设有重要的启示意义。

混合式教学将面对面教学与在线教学相结合，是信息化时代大学英语教学改革的必然产物。北京科技大学"大学英语混合式教学团队"通过教学实践，解构并重构传统课堂，将混合式教学分为在线学习、课内应用和课外实践等三个核心构成部分，它们在丰富的情境与应用的语境中互相联系、互相融合、互相支撑、互相促进。混合式教学弥补了传统课堂教学的不足，有利于充分发挥学生在学习过程中的主体作用，从而促进学生主动学习、自主学习、合作学习。

①在线学习。在大学英语的混合式教学模式中，在线学习形式主要采用小规模私有在线课程（Small Private Online Course, SPOC），教学资源包括语言知识学习和在线学习社区。学生通过自主观看精巧设计的微课视频学习语言知识，完成与课程内容紧密相关的在线练习和测验，以巩固语言知识。在线学习社区是学生与其他学生异步交流的场所，学生通过发帖和回帖，与其他学生和教师通过讨论交流、答疑解惑、沟通协作，分享语言学习资源和经验。

②课内应用。课内应用是指学生通过在线学习获取语言知识后，在面对面的课堂学习中将获取的语言知识加以应用。混合式教学下的课堂教学不再以知识传授为主要形式，而是围绕主题创设语言应用情境，通过各种或基于语言或基于技能或基于主题的任务，使学生置身于知识展示、语言游戏、问题讨论、方案制定、小组汇报等语言应用活动之中，并通过与团队协作，共同在"做"的过程中不断提高英语应用能力。

③ 课外实践。课外实践是混合式教学模式不可或缺的部分。学生经过在线语言学习和课内语言应用后，最重要的是能将所学语言知识切实运用到实践中。课外实践通常围绕主题创设的真实性语言实践项目展开，是课堂学习的延伸与拓展。如学生合作完成诸如问卷调查、视频制作、海报设计等项目，并用英语进行课堂展示或线上展示，以培养英语的语言产出能力。

在大学英语的混合式教学模式中，学生成为知识的主动建构者，通过在线学习、讨论交流、团队协作等方式在实践中获取知识。学习方式的转变，对学生的自主学习能力、合作交流能力、语言实践能力等提出了极大挑战。为了使混合式教学模式实现预期的教学效果，有必要创建实践共同体，为语言学习提供互动交流、合作学习、共同实践等方面的支撑，充分调动学生的学习能动性，保障学生有效地参与混合式学习。

基于大学英语混合式教学模式的实践共同体是一种由学生和教师组成的学习型组织。学生为了获取英语应用能力，与其他学生和教师在实践过程中交流讨论、互动协作、共同实践，不断共同建构并发展英语语言知识和能力。

实践共同体的成员是北京科技大学中参加大学英语混合式教学的1603名2015级学生。这些学生属于不同专业，共同在中国大学MOOC平台上学习大学英语系开设的SPOC课程，获取语言知识，进行讨论交流，并分别进入各自的面授课堂与其他成员合作，完成语言展示、语言应用和语言实践等任务。

大学英语的实践共同体包含发起者、核心成员和一般成员三类成员角色。其中，发起者是指教师和助教：教师通过发布线上教学资源和课堂交流帖子、组织线下交流讨论活动、布置课后合作实践项目，积极推动实践共同体的形成和发展；助教则通过在线回帖为学生答疑解惑，维护共同体的正常运转。核心成员是指英语能力较强的骨干分子，他们通过线上主动发帖和回帖、线下积极引领课内活动和实践项目，分享英语语言知识和学习经验，领导其他成员进行语言实践学习。一般成员是指英语学习的参与者，他们通常按照课程要求完成线上线下语言学习任务，在发起者和核心成员的引领下参与线上线下的交流和分享，完成实践学习。

实践共同体成员具有共同愿景，短期目标是完成大学阶段的英语学习，获得课程分数；中长期目标是通过英语课程学习，提高英语应用能力。在共同愿景的驱动下，实践共同体成员积极参与相关的学习活动：① 自主学习在线课程，通过观看微课视频，完成在线练习，获取进行语言实践所需的知识。在这个过程中，可以随时在讨论区与其他成员讨论课堂话题，就在线学习过程中产生的疑惑提问，大家群策群力共同寻找解决方法，并分享学习过程中积累的学习资源和经验；② 进入面对面课堂内，在教师创设的相关学习情境中分享在线学习成果，并与其他成员互动协作，完成学习任务，应用语言知识，在共同学习中巩固在线学习成果；③ 对知识内容和语言能力进行梳理，与其他成员合作完成教师布置的语言项目并进行实践产出，在实践中相互启迪，获取新的语言知识与能力。

实践共同体成员的学习目标是通过在线学习、课内应用和课外实践，完成技艺传授、镜像学习、语言应用和以文成事等学习活动，最终获取语言知识，提高英语应用能力。无论是在线讨论区的互动交流，还是课堂内语言应用任务的协作完成，都有利于学生不断地分享、应用知识，并在运用知识的过程中构建、内化知识。课外实践项目基于在线学习和课内应用取得的学习成果，要求学生在"做"的过程中将学到的知识内化为个人知识，并创造新知识。随着一个教学过程的完成，实践共同体成员也完成了一个语言知识获取的循环。

随着信息化时代的到来，学习者的学习方式正经历前所未有的革新，现代教育技术与外语教学的深度融合使混合式教学模式应运而生。学生作为学习的主体，需要提前做好充分准备，以迎接这种前所未有的学习方式。习惯于"填鸭式教育""被动学习"的学生，要想适应混合式教学模式恐怕不易。实践共同体为学生提供了交流讨论、相互协作、共享知识、实践知识的途径，是大学英语混合式教学实施的有力保障。

（一）支持协作学习，实现知识获取

实践共同体成员由参与混合式学习的学生构成，他们具有共同的学习愿景、相似的知识领域，既是学习资源的提供者、分享者和受益者，又是新知识的生产者。在语言知识学习的过程中，实践共同体的发起者、核心成员和一般成员相互介入，所有成员共同协商，共同积累在线学习和自主学习的经验，相互协作完成各种语言学习活动、任务及项目，并通过镜像学习提升自己的英语语言水平和英语应用能力。

（二）强化语言应用，完善知识建构

实践共同体理论认为，学习是在实践的过程中进行意义协商、构建知识。大学英语实践共同体强调学习的共同参与，而不是单纯的知识输入。在这个实践共同体中，学生与其他成员和教师通过在线学习、课内应用和课外实践，积极参与真实情境的语言应用，分享知识、经验和想法，由知识的旁观者转变为知识的实践者，将所学的知识运用到实践中，并在实践中建构新的知识，使有意义学习通过参与实践得以实现。

（三）支撑语言实践，完成知识转化

实践共同体的学习活动以应用实践为主，学生积极自主地参与在线学习、课

内应用和课外实践,这是一个学生交换显性和隐性知识并共同创造新知识的过程。在这一过程中,学生不断提高语言实践能力,通过语言实践激发已有的语言知识,同时通过资源共享、语言应用和实践活动等在实践中促进知识的应用,推动语言知识由隐性转化为显性,继而在语言实践过程中内化知识,使自己真正成为知识的"小主人"。

混合式教学模式是信息化时代教学改革的必然趋势,而大学英语混合式教学模式是外语教学与现代教育技术深度融合的产物。但是,要想让已经习惯了传统教师讲授型课堂的中国大学生转变学习方式,就需要有语言学习、应用等方面的支撑,这是有效实施混合式教学模式的关键问题。构建基于大学英语混合式教学模式的实践共同体,为解决这一关键问题提供了有效环境与途径。学生在语言学习的过程中自主交流、相互协作、共享知识,并在语言实践的过程中共享、运用、内化、创新知识,这有助于在线学习和课内教学的有效实施,能切实提高学生的英语应用能力。

第三节　信息技术与英语教学模式的融合与创新

一、信息化背景下大学英语多元混合式教学模式改革研究

本节首先对信息化背景下混合教学模式进行了概述，分析了信息化背景下混合教学模式的作用以及大学英语教学现状。从人本主义心理学派学习观、现代认知心理学派学习观两方面阐述了信息化背景下大学英语多元混合式教学模式理论基础。并针对大学英语教学中存在的问题，从线上学习资源整合、创新教学模式、改革教学方法三个方面提出了信息化背景下大学英语多元混合式教学模式改革策略，从而促进大学英语教学的良好发展。

网络信息技术的飞速发展，转变了人们的生活方式，同时也影响传统的教学方法。随着素质教育的发展，英语学习在大学教学中的地位逐渐提高，长久以来英语一直是学生学习较为困难的学科。在网络技术与通信技术飞速发展过程中，信息技术逐渐应用到教育领域，与传统的教学手段相结合，逐渐形成新的教学模式。大学英语多元混合式教学模式具有便利性、普适性等特征，能够为学生提供更多有利学习资源，转变学生以往学习模式，从而提高大学英语的教学质量，提高学生的综合素质。

（一）信息化背景下混合教学模式概述

1. 混合式教学模式概述

混合式教学来源于"B-learning"，即"Blended Learning"或"Blending Learning"，是指将传统的教学手法中融入现代化的多媒体技术，大学英语是一门实践性和应用性都十分强的学科，教师需要应用多种方法对学生的能力进行提升。混合式教学是以学生为中心，关注创新教育的一种教学模式，要在课堂教学中体现学生的主体地位和教师的引导、启发作用，混合式学习模式是以实践性教学过程为宗旨的教学方法，采用先进的教学理念和教学思想，运用现代化的教学手段，围绕学生自主学习能力的激发与引导而构建的教学系统。混合式教学模式充分利用网络教学资源，突破时间和空间的限制，这种教学模式改变了传统教学模式中

的理论框架，通过实践将英语知识运用到生活中，有效地提升了英语教学的效率，提升学生的综合学习能力。

2.信息化背景下混合教学模式的作用

混合教学模式能够打破传统学习方式，创建不受时间与空间限制的学习环境，带给学生全新的体验，使得英语教育的平台得以拓展，在传统的教学手段上实现教学方法的创新，新媒体拥有更广的发展空间，使得大学英语的教学不再只停留在讲台之上，在摸索与实践中不断创新教学手段。信息化背景下混合教学模式使大学英语教育的资源更加丰富，传统的教育模式中的教学资源仅仅停留在教材之上，或配备一些听力材料或者练习册等，学生对枯燥的英语学习本就没有足够的兴趣，再加上听力训练和练习题，使得学生的大学英语课程失去了趣味，混合教学模式具有很强的适用性，并随着时间的推移与现代化网络技术的日益成熟，在信息化的背景下，新媒体的使用越来越广泛，整合了众多的信息资源和媒体形式，教师能够将各单元的重点知识合理整合，按照知识点的类型进行分类，有利于提升大学英语教学的效率。信息化背景下混合教学模式为学生提供了更多的学习资源和发展空间。在教学过程中，教师可根据学生的个人性格因材施教，使学生主动参与大学英语教育。

大学英语作为必修课，在大学教学中占有重要的地位。大学英语课堂通常以大班形式授课，学生往往是被动的接受者。随着我国与世界各国之间的交流日益频繁，社会人才竞争日益激烈，目前市场对于具备英语综合能力的人才需求急迫，但是当前许多学生的英语水平整体还比较薄弱，教师没有为学生提供良好的学习环境，也没有营造浓厚的学习氛围，更没有根据学生的性格特点、兴趣爱好设定现代化教学课程，极大程度降低了学生的学习兴趣。教师在教学过程中，在一定程度上忽略了信息技术的使用，与当前网络急速发展的社会现象出现了脱节。

（二）信息化背景下大学英语多元混合式教学模式理论基础

1.人本主义心理学派学习观

人本主义学习的代表人物是罗杰斯，其观点将学生作为教学的主体。他认为在学习的过程中，教师在传授知识的同时，要为学生创设轻松的学习环境，使得学生在学习的过程中减少压力，能够体现教师对学生指导的意义。教师在教学的过程中，要留心观察学生的一举一动，时刻关注学生的学习情况，对于在学习上有问题的学生，要及时进行辅导，并对学生进行鼓励，对表现优异能够帮助他人的学生给予表扬。在此环境中，教师要帮助学生形成良好的自主学习意识，使学生能够在脱离课堂的环境下有规律、有方法地进行自主学习。人本主义学习观对于知识的定义是能够展现学生表现与价值的主题内部结构，该学习观强调学生的自主观念，从很多方面体现了以学生为中心的真正含义。

2. 现代认知心理学派学习观

建构主义在 20 世纪 90 年代开始流行，其代表人物是皮亚杰，其认为知识的形成是外部环境和内部环境共同作用的结果，学生在自我学习的同时，能够同构在学校的学习，通过教师的指导获得知识，同时也能在相应的社会背景下通过时间和摸索获得学校以外的知识，在构建知识体系的过程中逐渐体会学习的内涵。这也是教师工作的重要任务。教师在教授学生知识的同时，要帮助学生构建知识体系、掌握学习方法。在认知派的建构主义学习观中，强调了外部环境的重要性，外部的环境会对学生的学习状态和学习效果都造成一定的影响，好的学习环境能够为学生创造好的学习氛围，从而提升学生学习的主动性，帮助学生更好地建构知识体系。

（三）信息化背景下大学英语多元混合式教学模式改革策略

1. 线上学习资源整合

大学英语教育在新形势下的发展方向是为社会经济发展输送复合型应用人才，在大学英语教学实践当中应将对应学科专业知识进行融入，减小了学生的学习负担，使学生的英语知识更加具有针对性。信息教学依靠信息时代而言，而信息时代具有交互性、开放性、丰富性等特点。因此应充分发挥其优势，为学生提供丰富的教学资源。混合式学习模式与大学英语教学目标产生极大的契合性，帮助大学英语教学目标更好地实现。在混合式学习模式当中的学习任务目标设立中，融合对应学科知识的教学方向，同时在教学情境设计当中融入对应学科知识元素。不仅使学生能够更加准确地对英语知识进行理解而且同时也间接地对对应学科知识进行了习得，教师可根据学习内容，选择重点的部分，设置悬念问题，引发学生思考，在课堂上更好地营造教学情境，充分吸引学生注意力，提升学生学习兴趣。此外，大学还需定时开展知识讲座，及时更新教学内容，真正做到与时俱进为学生扩充教学资源，从而提升学生学习效率。

2. 创新教学模式

信息化教学是一种全新的教学模式，它以学生作为课堂主体，可与各种教学手段相融合，以此培养学生的自学能力与表达能力和英语综合能力。教师可在导入新课这一环节中，利用信息资源的丰富性与开放性，从不同的方面与角度为学生提供教育资源，并将其用多样的方式呈现给学生，激发学生学习兴趣。可以引入翻转课堂教学法，教师可利用教学平台将重点的学习资料上传至云端，学生可根据个人情况选择适合的时间自助学习和下载，有时，教师可将教学内容进行筛选，为学生创建有趣的情境，使学生投入情境中，主动参与学习。翻转课堂打破了传统教育模式的禁锢，将课堂时间进行了重新的规划，课堂时间可以为学生们解答疑问、重点拔高，对课堂时间的合理安排是翻转课堂的优势所在。合理的课程安排能够使学生注意力保持集中，积极参与课堂。此外，教师也可将学生分为小组，时常询问小组协作类问题，以此培养学生团队协作能力，并能利用团队工作监督部分学生。在大学英语教学中会出现较多的教学重点与教学难点，因此教师要适当挖掘教材的潜在内容，利用信息技术手段为学生创设情境，使学生直观地感受到情境中的语言、环境等，从而使学生融入角色中，引起共鸣。慕课教学不同于传统模式的教学，慕课教学能够充分调动学生的积极性，并根据学生的实际需求设置灵活的课程内容，在课上课后都可以进行英语的学习，使教学模式更加新颖，支持学生个性化学习。教师可通过互联网对学生的学习情况进行考核，同时学生可以借助校园网络对教师的教学情况进行评价。

3. 改革教学方法

信息化背景下大学英语多元混合式教学模式可与多种教学模式相融合，进行创新与整合，逐渐形成新的教学方法，互动式教学模式是较为新颖的教学手段，在大学英语教学中有着重要的作用。互动式的教学模式不同于传统的教学模式，具有创新性、创造性的特征。其注重教师与学生之间的互动和交流，在课堂上组织相关的课堂活动，提高学生的学习兴趣，互动式教学模式旨在提高学生的综合素质，打破传统教学模式中的束缚，保持师生彼此之间身份平等的互动。应建立信息化学习平台，为学生提供了丰富的学习资源与海量的知识，两者共同组成了教学模式系统模型的根基。创建现实的情景认知、信息交融、合作学习等具体功能服务且为英语教学模式系统中的学生提供相应的服务应用，通过相关教学法的借鉴和融合，混合式教学法逐渐体现出实效性。

为了加强大学生英语能力的培养，第一要准确地认定语言学习和语言应用能力之间的关系。防止基础能力和上层能力有所冲突。想要有效地提高大学生的英语应用能力就要摒弃传统的教育观念，将应用能力作为培养的根本目标，把教学模式从传统的知识讲授转变为语言知识和语言技能学习。再次，需要根基学生的学习能力和现阶段对英语的要求制订合理的教学方案和课程安排，加强重点性和有特色的英语大纲安排。最后，还需要重视英语的人文教育，提升学生自主学习的意识和能力，重视对学生的奖励机制，最大程度调动学生的学习积极性。加强跨文化知识的学习、提高英语应用能力的同时也要加强文化思想培养，二者要相结合，不可偏失。

随着移动互联网的普及与应用，教育领域发生了巨大的变革和创新。早在2010年的高等教育英语课程教学要求中就明确提出："各校应积极引进和使用计算机、网络技术等现代化教学手段，开发和利用数字化教学资源，构建适合学生个性化学习和自主学习的新的教学模式，培养学生的自主学习能力；借助虚拟现实技术构建仿真的职业工作场景，提高学生的职场交际能力。"2012年教育部相继印发了《教育信息化十年发展规划2011—2020》，其中也提到"加快职业教育信息化建设，支撑高素质技能型人才培养"。为此，以互联网技术支持为特征的混合式教学模式在当今大学课堂上得到了广泛的应用并且取得了良好的教学效果。本节以"互联网＋"背景下，结合大学英语教学现状，着重探究混合式教学模式在大学英语教学过程中提升学生英语应用能力的策略。

2015年3月，李克强总理在十二届全国人大三次会议中首次提出了"互联网＋"的战略计划。所谓"互联网＋"，其实就是互联网与各个传统行业相结合，实现互联网与传统行业的融合，创造出新的发展模式，这种模式兼具跨界融合、尊重人性、创新驱动等特征。在现实生活中较常见的是淘宝网的营销。淘宝网其实就是"互联网＋"传统集市的结合，"互联网＋"传统集市变成了淘宝，"互联网＋"传统银行成了支付宝。当"互联网＋教育"融合时，学生不再局限于学校和课堂，而是通过一部电脑或移动终端，一个教育专用网站，自主选择学校，选择老师。这种模式不但没有取代传统教育，反而让传统教育焕发出新的活力。

随着教育信息化技术的深入应用，混合式教学再次吸引了人们的注意，它把以往的教学优势和数字化教学优势有效结合，形成互补，进而获得更好的教学效果。美国学者斯密斯·J与艾勒特·马西埃在2002年时提出"混合式教学"，即把传统模式下的学习与 E-learning 这种纯技术模式相结合。华东师范大学的何克抗教授把"混合式教学模式"定义为"把传统教学方式的优势和网络化教学的优势结合起来，既发挥教师引导、启发、监控教学过程的主导作用，又充分体现学生作为学习过程主体的主动性、主动性与创造性"。不难发现这种混合式教学理论其实是把建构主义学习理论、人本主义学习理论与结构主义学习理论相结合，其中混合式教学受建构主义学习理论的影响最大。在混合式教学模式中，要求学生主动地接受知识，是接受信息的加工者。

高等教育是我国教育体系的最高层次，不仅担当培养学术人才的重任，还担当为各行各业培养技能型人才的重任。大学英语是高等教育中一门必修课。刘黛琳教授提出"英语着力提高学生的语言应用能力、职业技能与职业素养，促进学生全面发展"。如今，各大高校的外语教学改革如火如荼地进行，一些高校已取得了阶段性的成果，但是存在的问题不能忽视。经过笔者调查省内外的高等院校，对大学英语教学现状进行调查，发现存在如下问题。

学生英语基础薄弱，英语水平参差不齐。因为高校学生的生源地和入学方式不同，所以学生的英语基础薄弱，英语水平参差不齐。以笔者所在学院为例，学生的生源地主要集中在山西省内及全国的其他省份，来自省内城市的学生，英语基础要比省内农村的学生英语水平高得多。随着高考单独招生政策的普遍推行，一些没有足够能力考上大学的学生，尤其是英语成绩较差的学生，通过单招考试，成为一名高等院校的大学生。另外，多年的义务教育，使学生认为英语学习就是为了考试。正因如此，如今的大学生英语水平不容乐观。

大学英语课时少，班型大，课堂内外没有积极有效地互动。大学英语是大学生必修的课程。目前，各高等院校的课程设置趋势是重技能，轻理论，重专业，轻基础，大学英语在各个高等院校普遍存在的问题是课时少。以笔者所在院校为例，大学英语每周仅为四学时，且由于学生人数多，因此英语课的班型有时都是合班课，每个班有 100 人左右一起上英语课。这样计算下来，学生全年英语课下来，如果不积极主动，那么恐怕在课上没有一次说英语的机会。大二学年，很多学生对英语学习产生抵触情绪，导致一进大二就彻底不再学英语。课上学生没有机会和教师就英语学习进行沟通，课下师生之间更无互动。

大学英语教师缺乏信息化技术的掌握与应用，无法充分使用多媒体教室的功能。大学英语教师大部分都是英语语言文学专业毕业，从高校毕业直接进入校园走上讲台。教师具有专业的英语语言与文学知识,但是对信息化技术的知识掌握得甚少。目前,大多数高等院校的教室都是多媒体教室。教室内不但有投影仪、电脑,还有无线网络接口。在授课过程中,虽然能应用简单的多媒体课件,但是把各项信息化技术融入课堂难上加难。但毋庸置疑的是信息化技术在英语课堂中的应用不但能丰富课堂内容,而且能更好地调动学生英语学习积极性。

大学英语教材内容新颖,但实用性不佳。当前的大学英语教材充分体现大学外语教学改革成果。本科院校的英语教材注重理论性,大专英语教材注重培养学生英语应用能力,充分体现实用为主,够用为度。以高等教育出版社的《大学英语》为例,该教材注重调动学生兴趣、注重语言的形式和内容、强调学生的主体地位和能动作用、注重反馈及注重在课堂中培育师生关系和生生关系。但是在帮助学生打好语言基础的同时,该教材缺乏注重培养学生在不同职业场景中的英语交际能力,无法体现它的职业性和实用性。

(四)"互联网+"时代下混合式教学模式提升学生的英语应用能力策略

"互联网+"的演进与发展离不开网络背后的大数据,信息技术的支持加上知识推进了向智慧型学习环境的创新。在"互联网+"背景下,融入混合式教学模式的大学英语提高学生英语应用能力的策略有以下三个方面。

1. 基于混合式教学模式,构建网络教学平台提升大学生英语综合应用能力

混合式教学模式将传统教学模式的优势和网络教学的优势结合,以建构主义学习理论为基础。混合式教学模式在大学英语课堂中的应用可以充分调动学生自主学习英语的主动性。虽然一些学生的英语基础较差,但是能够主动对所学英语知识进行探索和发现。通过混合式教学模式,教师不但可以通过网络进行授课,还可以备课、布置作业、批阅作业、在线答问,同样学生可以在线下与老师互动,答疑解惑。比如,通过网络教学平台。教师将上课的资料上传到教学平台上,学生在课余时间既可温故知新,又可在网上完成老师布置的作业,老师可以集中回答学生提出的问题。这种学习平台强化了大学英语教学中的实践教学环节,提升学生听、说、读、写、译的综合能力,让学生真正体验语言交际功能。

2. 基于混合式教学模式,构建真实职场环境提升学生英语文化素养和职业素养能力

正如刘黛琳教授所说:"高校外语教学改革,必须以外语能力为核心,以职场背景为依托,以实践实训为途径,提高职场环境下的外语交流能力。"在大学英语

课堂教学中，教师采集网络中的音频、视频素材进行编辑，成为上课的多媒体课件。这些资料使学生置于真实的语言环境中，更直观地感受到纯正的英语发音和真实的工作场景，激发学生学习英语的兴趣。此外，师生间的互动途径增多，课上师生直接面对面地交流，课后通过微信或 QQ 等聊天工具，学生和老师不受时间和空间的限制。比如笔者在每学年都会为所教班级建立一个 QQ 群或微信群，方便学生和老师交流。在 QQ 群或微信群中，每个班级的课代表承担管理员的职责，帮助老师理群，发布信息，汇总学生问题，笔者只需解决学生的实际问题。这个小小的 QQ 群、微信群类似一个小小的工作环境，进而让学生提前体验真实职场。

3. 基于混合式教学模式，促使英语教师提升信息技术应用能力。

混合式教学中，微课中展现的语法、语言现象及语言展示可以让学生更生动直观地理解。此外，教师制作微课时，能把所教知识的积累从以前的备课教案变成文字影视等数字材料。教师可以根据课堂讲授内容更灵活地利用这些数字材料，让课堂更具有吸引力。慕课使学生的学习时间和地点扩展更广阔的空间和拥有更灵活的时间。不难看出，在当今大学中，不断增加微课、慕课的课堂比例，提高学生的学习兴趣，激励老师不断提升技术技能。"互联网＋"时代下混合式教学模式在大学英语课堂中的应用，优化了英语课堂教学模式，改变了人才的培养途径。但是对于缺乏学习英语兴趣的学生，缺乏自学能力的学生，通过混合式教学真能提高他们的学习兴趣吗？这样的问题亟待探讨。

信息技术日新月异地发展，以计算机与网络为特征的教学媒体，逐渐改变了传统的教学环境和手段。2007 年教育部颁发的《大学英语课程教学要求》中指出"大学英语的教学目标是培养学生的英语综合运用能力，提高综合素养"，并明确指出"各高校应充分利用现代信息技术，特别是网络技术为支撑，采用新的教学模式改进原来的以教师为主的单一课堂教学模式和自主学习的方向发展"。由此，高校英语教学必须面对信息技术对传统教学方法手段的冲击，多元互动教学模式可以实现教学方法、教学式，使英语教与学在一定程度上不受时间和地点的限制，朝着个性化手段、教学内容、教学场地，还有教与学的多元化，促进教学质量，全面提高学生英语综合应用能力。

瑞士哲学家、心理学家皮亚杰（J.Piaget）提出的建构主义，是多元互动教学模式的理论依据之一。其核心思想是：知识不是以传授、以孤立方式获得的，而是学习已有经验的基础上，通过与外界的相互作用，重新建构内容与意义的方式获得的。其核心内容便是强调以学生为中心，以学生为驱动，教师在整个教学过程中，只是引导者和促进者。此外，混合学习理论也是多元互动教学模式的另一个理论基础。这一理论是要把传统学习方式的优势与信息技术的优势结合起来，在多元互动过程中，既发挥教师引导、启发、监控整个教学过程的作用，又能充分体现学习主体的主动性、积极性和创造性。

信息技术环境下的多元互动，就是学生主动参与整个学习过程，在老师的指导和帮助下，通过学校提供的信息技术条件，调动自身认知经验与学习能力，主动理解、诠释和建构知识的自主学习过程。

（1）教学方式的灵活性。信息技术环境下的多元互动教学模式中，教学方式包括教方法、教学手段、教学内容、教学组织形式等，这些因素各种组合，相互交织，供师生充分利用，全方位总结英语学习，有效培养学生自主学习能力。

（2）教学环境的开放性。信息技术环境在提供了丰富的英语学习资源的同时，也为学生拓展了学习渠道，教学资源的互通有无，使得学习者具有更大的学习主动权和自主选择权。学生可以根据自己的兴趣爱好和学习要求，自由选择学习的内容、时间和地点，通过信息技术平台整合、分析信息，根据自己的具体情况制订学习进度。而教师也可以依据信息技术平台，一方面对学生的学习内容进行检测，对学生的学习进度进行监督提醒，以保证学生不会偏离教学的主题，另一方面，也可以与不同地区、不同学校的同行，进行相互交流。

（3）教学过程的主动性。信息技术及各种学习软件的推广，为学生提供了更多的学习机遇。学生可以通过信息平台，用图像、音频及文字等方式，与同学、教师即时互动，这样，学生获得更多的话语权，可以最大限度地展示自己的学习主动性以及自主学习的能力。

（4）教学评估的多样性。教学评估是大学英语课程教学的一个重环节。单一的教学模式，其评价也存在片面性。信息技术环境下的多元互动教学评估，关注学生在多元互动过程中的体验、情感及态度，采取"学生自评＋教师评价"的方式，结合学生自主学习系统的记录，从试卷考试、线上学习以及课下活动几个方面进行教学评估。

信息技术环境下多元互动教学模式，坚持"教学并重"，教师要起到导学促学督学的作用，要成为课程主动开发者，不断提升自己的教学理论水平，掌握现代化信息技术。一方面依据教学大纲，对学生的综合能力进行全面评估，进而设定合理的教学要求及目标；另一方面，要积极向学生传授大学英语学习方法，引导学生了解每次课的总体设计，熟悉教学过程中所有的教学活动，并制订可行的学习目标，同时指导学生学会使用新的技术手段，掌握英语互动学习的技能，使其学会利用信息技术组织整合英语知识要点，完成知识的内化。最后，还应该对学生的学习过程进行跟踪和监控，一方面及时解答学生学习过程中出现的问题，以保障学习进度和效果，一方面以培养学生英语学习兴趣为重点，在教学过程中，从"教什么"入手，思考"如何教"，要创设有利于学生学习的语言环境，组织丰富多样的教学活动，鼓励学生大胆展示，以充分调动学生学习的积极性，培养学生学习的好奇心和求知欲，并反思"教得如何"，总结教学经验，提高教学效果。

信息技术环境下多元互动教学模式，要求学生在学习动机、学习策略及学习时间上，成为主动构建者。学生应该充分发挥主体作用，在课前、课时及课后，积极参与教师所设计的一系列教学活动，进一步提高解决问题的能力。并主动运用信息平台，积极与教师、同学进行网上交流，分享学习经验，探讨研究问题，并反馈学习信息等。另一方面，学会在获取丰富学习资源后，对适合自己水平的学习内容进行筛选，有意识培养自己的维创新意识，不断提升发现问题、解决问题的能力。信息技术环境下多元互动大学英语教学模式充满了挑战性。面对挑战的教师会在完善自己专业知识结构的同时，熟练应用信息技术，这样，当学生的学习行为受到阻碍时，教师能针对具体问题采取卓有成效的方法和手段，引导学生去克服障碍，即：一方面对学生进行学业上的指导，另一方面对学生进行心理上的疏导。另外，学生对信息环境下的教师素质有着很高期望，希望教师有诲人不倦的耐心；有良好的表达能力，能给出有效建议；有乐观的生活态度，并且能鼓励他们的创造性思维。由此可见，在信息技术环境下多元互动英语教学模式下，教师需要调整教学思路和方式，在品德、知识、能力、情感以及教育理念等方面不断完善自我，通过自己的积极作用来影响学生的学习行为。信息技术环境下多元互动模式，也提高了对学生的要求。一方面，学生要学会管理时间，通过科学安排线上线下学习，熟练掌握基础知识及听说读译的技巧。一方面，学生能在教师初期的督促下，逐步自主学习，并在这个过程中，学会根据自己的水平、目标，筛选学习内容，能过个体独立学习，与教师沟通，与同学交流，养成发现问题，解决问题，总结经验的好习惯，从而提高学生的沟通、合作等综合能力。

综上所述，随着教育信息数字化、现代化的发展，多元互动英语教学模式，不仅为学生学习英语提供了更加便利的条件，同时对教师、学生提出了新的挑战。信息技术环境下多元互动大学英语教学模式，采取了多种教学手段更丰富的教学内容，使得教师、学生、教学内容的内涵得以更好地开发，最终力求达到最好的教学效果。

二、大数据视域下的高校英语教学模式创新分析

高校英语教学作为促进学生英语综合应用能力与水平提升的重要途径之一，在科学技术不断发展的推动下，高校英语教学不仅具备了智能化、信息化的特点，而且其教学水平也得到了大幅度的提升。本小节主要是就大数据视域下的高校英语教学模式的创新进行了简单的阐述和分析。

（一）大数据视域下优化高校英语教学观念

大数据时代背景下的高校英语教学模式创新，必须充分重视英语教学观念对英语教学水平提升所产生的影响。随着信息化时代的来临，高校应该将促进英语教学质量的提升以及培养优秀英语专业人才作为其教育教学活动开展的首要目标。而英语教学观念的转变则是确保这一目标顺利实现的关键。经过深入的调查研究发现，现阶段很多高校都存在着英语教学观念传统落后的现象。而这也是导致高校英语教学无法适应信息化社会发展需求的重要原因之一。为了改变这一现状，高校必须紧跟大数据时代发展的步伐，积极地进行英语教学体系的重新调整与设计，同时要求高校英语教学工作者转变传统英语教学理念，通过高校建立高校内部信息化与数字化英语教学体系的方式，促进高校英语教学质量和效率的不断提升。

（二）大数据视域下创新大学生英语学生形式

大数据时代为全民信息化时代的来临奠定了良好的基础。通过对影响高校英语教学效率提升原因的分析后发现，在进行大数据视野下的英语教学模式改革与创新时，教师教学手段的丰富以及教学方法的创新，不仅是促进学生英语语言应用能力不断提升的关键，而且也是衡量教师教学能力高低的重要标准。而高校英语教师必须积极地学习先进英语教学理念以及教学设备操作的方法，才能促进其英语教学能力和效率的全面提升。比如，使用多媒体、微课或者慕课的英语教师

比使用传统口头教学、提问或者板书教学的英语教师不仅更受学生的欢迎，而且学生学习的主动性和积极性也相对更高。所以，教师必须紧跟大数据时代发展的步伐，充分发挥信息技术的优势，将学生的兴趣爱好与英语教学紧密地结合在一起，引导和鼓励学生运用现代、科学的方法学习英语，从而达到促进学生英语学习质量和效率不断提升的目的。

（三）大数据技术可以更好地了解大学生的切实需要

大数据不仅具有数据收集、分析的能力，而且利用大数据得出的数据分析结果的准确性以及参考价值也相对较高。所以，高校必须充分利用大数据的这一特点，收集和整理大学生英语学习的实际需求，然后根据最终的数据分析结果，制订切实可行的英语教学策略，才能满足大学生英语学习的要求。比如，高校可以通过了解大学生使用的搜索引擎的方式掌握学生学习的兴趣和需求，寻找学生学习英语知识的兴趣点，然后再根据学生学习的兴趣，制订英语教学计划并安排英语教学内容。另外，高校还可以采取填写网络调查问卷的方式，征求广大学生对英语教学的建议和想法，然后根据实际的情况及时地进行英语教学方法的改革与创新，才能达到促进高校英语教学质量和效率稳步提升的目的。

（四）大数据视域下可以更好地实现个性化教学

信息和数据泛滥是大数据时代最显著的特点之一，那么怎样在海量数据信息中选择符合自己需要的信息对于学生的学习具有极为重要的影响。这就要求高校英语教师在日常教学过程中，必须在加强学生信息选择能力培养的同时，要求学生运用外界力量就自身潜在的需求以及隐性知识的挖掘，才能确保学生能够顺利地找出符合自己要求的信息。比如，高校图书馆中隐藏着不同的学习资料、文学资料以及学术资料等数据信息。为了充分发挥出这些数据信息对学生学习的帮助，高校必须采取积极有效的措施为学生提供个性化的服务，才能促进图书馆资源利用效率的不断提升。另外，高校应该紧跟大数据时代发展的步伐，积极地利用多媒体教学设备启发学生的兴趣，通过多媒体播放美剧为学生营造良好的英语学习环境，引导学生在轻松愉悦的环境下学习英语知识。由于信息共享是大数据时代的主要特点，高校在开展英语教学时，必须将学生视为大数据时代的信息载体，通过与学生之间建立信息共享平台的方式，激发出学生学习英语知识的兴趣。比如，教师可以将经过整合的英语资料放在共享网络上，而学生则可以通过下载教师共享的资料进行英语知识的学习。经过这样的过程，不但学生自主学习的能力得到了有效的培养，而且学生与学生之间的信息共享也为团队精神与合作精神的培养奠定了良好的基础。

（五）大数据视域下可以更好地进行智能平台的建设

大数据时代为高校英语教学向科学化、信息化、现代化、高效化方向的发展提供了新的契机。作为高校而言，必须充分借助大数据时代的优势和机遇，构建符合自身实际发展需求的智能化英语教学平台。比如，现阶段我国高校流行的慕课、翻转课堂等新兴的英语授课方式，都是在大数据的推动下兴起并被广泛应用的，充分发挥大数据时代的优势，建立智能化的英语教学平台，对于学生英语学习兴趣的调动有着极为重要的意义。

随着高校智能化英语教学平台的建立，英语教学效率以及学生英语学习效率都得到了显著的提升。所以，高校必须紧跟大数据时代发展的特点，积极地进行传统英语教学模式的改革与创新，才能在满足现代社会与大学生英语能力需求的基础上，为大学生后期的成长与发展奠定坚实的基础。

总而言之，大数据不仅是当前时代发展的主要特征，而且大数据技术的推广和应用已经成为社会发展的必然趋势。作为高校而言，必须紧跟社会发展的步伐，充分发挥大数据技术的优势，进行英语教学模式的改革与创新，才能确保英语教育教学工作的顺利开展。同时，高校还应重视大数据时代的特点和要求，进一步拓展英语教学的范围，才能在促进高校英语教学水平和质量不断提升的同时，培养出符合大数据时代特点和要求的综合型应用人才。

大数据是信息技术领域中的一项重要的变革，随着大量非结构化与半结构化数据的出现，大数据中蕴含的信息价值越来越大，社会上关于大数据的研究也越来越多。高校是学生成长的重要场所，在信息时代背景下，学生与外界的联系越来越多，国际一体化成为一个必然趋势，英语教学成为高校教育的重要内容。在新的环境下，高校的英语教学也要不断创新，传统的英语教学模式已经不再适用，在高校的英语教学过程中，对此，要积极加强对各种新的信息技术的应用，利用大数据技术开发自身潜力，加强对高校发展过程中的各种数据的挖掘，从而借助新媒体平台加强各种消息的有效传递，从而使得高校的英语教学效率不断提升，实现数字化、信息化发展。

(一)大数据时代

大数据时代是当前信息技术领域中的一个热词,随着互联网的迅速发展,学生在生活、工作、学习过程中对网络的依赖程度越来越大,我国的网民数量还在不断增加。大数据就是在这样的背景下产生的一个概念,大数据也叫作巨量资料,可以将大数据时代理解成为一个海量信息的时代,从字面意义来讲是指有大量丰富的数据存在,但是数据量的规模并不是大数据存在的真正意义,大数据存在的真正意义就是在于应用,是要将这些信息挖掘出来,发挥其真正的作用。

(二)大数据时代背景下高校的英语教学现状

随着大数据的不断应用,当前各个领域对大数据的使用频率也比较高,高校是学生学习的重要场所,同时也是科研聚集的地方,很多教授、教研人员都在积极加强科学研究,在各个领域中随时都有新信息的出现。作为教育的场所,其本身就蕴含了丰富的信息,加强对高校信息的挖掘,可以有效地将高校的信息呈现出来。在大数据环境下,高校英语教学变得更加快捷、方便,大数据是以互联网为基础的,可以借助互联网实现快速的信息挖掘以及传播目的。比如当前很多大学生在学习生活过程中很喜欢观看一些比较优秀的美剧,美剧一般都有一定的连续性,而且逻辑思维较强,是丰富学生的业余生活的一个重要载体,而且学生在观看美剧的时候往往也能从中学习英语,从侧面带动学生学习英语的积极性。美剧在居民的生活中扮演了十分重要的角色,应该要加强美剧的引导和宣传作用,加强他们对英语学习的认识,从而能够积极参与到各种英语学习中来。

尽管大数据时代为高校的创新发展提供了机遇,但纵观传统高校英语教学可以发现,高校在创新发展的过程中依旧面临许多挑战,最明显的就是信息化程度不够,对各种现代技术的应用不足,这些信息滞后问题在大数据不断应用的过程中得到了一些解决,比如很多高校当前都已经开始加强高校网络的建立,并且借助大数据挖掘技术,对高校的信息进行深入挖掘和分析,并且正在积极加强应用,将这些数据信息与教学过程实现融合,但需要注意的是,大数据技术在高校中的使用状况并不乐观。

大数据时代背景下高校英语教学策略转变传统的高校英语教学观念加强高校英语教学模式创新,是在大数据时代背景下对高校发展提出的一个全新的要求,也是提高高校英语教学水平的重要途径。信息化时代,承载信息、知识传递功能的高校,必须要对传统的英语教学理念进行改革。当前很多高校的工作人员对高校的英语教学的理解还比较传统,使得高校的发展不能适应信息化时代。对此,高校应该要结合大数据时代对高校提出的全新的要求,采取各种手段对高校英语教学体系进行全新的设计,对高校英语教学人员的英语教学理念进行改革,从而在高校内部实现信息化、数字化英语教学,加强对各种大数据技术的应用。

(三)利用大数据技术对学生英语学习需求进行了解

大数据时代整个社会都呈现信息化趋势,在这个过程中,高校要提高教学效率,则必须要加强对学生的学习兴趣点的研究,需要在研究学生的基础上,借助大数据技术来分析学生在使用网站的检索功能时产生的一些访问记录,从而对学生的阅读需求进行有效的掌握,根据这些信息挖掘出学生的行为方式和兴趣爱好,给学生推送更多感兴趣的信息,比如有的学生通过学校图书馆系统搜索一些英文原著,图书馆系统可以根据相应的检索分析技术,为学生推送更多与英美文学相关的材料,从而使得学生可以接收到更多的信息。通过大数据分析,高校在推送消息的时候是一种个性化英语教学,这种推送方式有较强的针对性和指向性,被学生接受的成功率更高,也能帮助高校更好地实现英语教学。在利用大数据技术对学生的学习需求以及喜好进行了解之后应该要给学生推送更多消息,让学生能够在学习过程中获得更多丰富的资源素材。

(四)基于学生需求实现个性化英语教学

大数据时代最大的一个特征就是信息泛滥,面对如此巨大的信息量,很多学生都会考虑如何才能找到自己想要的信息。因此,学生需要借助外力帮助他们分析潜在需求、挖掘隐性知识、推送所需信息,以此来满足自身的信息需求。在高校的图书馆中,有很多丰富的信息,比如学术资料、文学资料等,在大数据时代应该要加强对高校图书馆的利用,为学生提供更多个性化的学习资料,让学生在学习生活过程中可以加强对这些材料的应用,提高自己的英语学习水平。再比如可以利用美剧为英语学习的发展提供良好的媒体环境。为了引导学生对英语学习有一个更加全面的认知,媒体依旧有责任,各种美剧不仅是让学生放松生活的调剂,更是要引导学生对英语学习文化进行了解的一个重要载体。首先,美剧应该要对英语学习进行准确的定位,能够了解到英语学习在居民生活中的重要意义、美剧对英语学习教育的深入推进带来的意义,从而能够在媒体宣传过程中对居民关注的英语信息进行宣传，使得居民能够在生活和工作过程中利用英语学习改变自己的生活方式。其次，政府和社会要积极合作，引进更多优秀的美剧，使得美剧传播的题材类型越来越多，让群众在观看美剧的时候能够对不同领域中的美剧题材有更多的了解，并且也能对不同领域和行业中的英语表达有更深的认识，提高居民对英语学习的兴趣和爱好。大学英语教学过程中加强对新媒体资源的应用，离不开各种信息的共享，学生就是一个重要的分享主体，在新媒体教学过程中，学生与教师之间的交流可以不再是传统的面对面形式，教师可以分享各种新媒体资源，比如教师可以将一些大学英语资源整合在一起，比如整合一些英语访谈节目，将其打包上传到网络上，学生通过对这些信息的下载和学习，可以提高自己的听力能力和口语能力。学生也可以成为传播的载体，通过各种新媒体平台将一些新媒体资源传递给自己的同学，从而实现这些新媒体信息的共享。

综上所述，大数据是当前时代的特征，大数据技术应用的领域也十分广泛。借助大数据技术可以使得高校的英语教学变得更加精准，使得高校的英语教学工作可以更好地开展，能够不断调整发展战略。在未来的发展过程中应该要根据大数据时代的特征以及要求，加强对高校的英语教学范围的拓展，使得高校的英语教学水平不断提升。我国自十一届三中全会后开始执行改革开放，到如今已经经历了39个年头。在这39年来，我国的经济发生了翻天覆地的变化，城市化水平越来越高，现代化水平也越来越高。到了21世纪迎来了全球信息化时代，科技水平和生产水平都有了显著的提高。这一时期也被人们称之为大数据时代，在大数据时代的背景下，人们的生产和生活方式都发生了巨大的改变，这种生产生活以及时代的改革都对高校教育产生了影响。英语作为使用国家最多的语言，成为高校课堂教育的基础课程之一，但在大数据的时代背景下，大学英语教育的模式渐渐显露出了一些问题。为了帮助大学英语教育适应时代发展的潮流，满足大数据背景下对高校学生英语能力的要求，高校不得不对传统的英语教育模式进行改革，从而提升学生的英语水平。

本节从大数据视域下高校英语教学的现状、大数据视域下对高校英语教学模式进行改革创新的重要意义以及大数据视域下高校英语教学模式应该怎样创新这三个方面出发，对大数据视域下高校英语教学模式的创新进行了分析。希望本节提出的观点对于促进高校英语教学模式改革，为社会培养可用人才，提高国家的软实力和国际竞争力提供帮助。

在当前的信息技术领域当中有一个非常重要的词语就是大数据时代,在互联网技术的不断发展之下,学生的生活、工作和学习都已经渐渐离不开互联网了,互联网对学生的影响越来越重要。随着时代的不断发展,我国网民越来越多。大数据就在这种背景下逐渐产生了,大数据时代有一个别称就是巨量资料时代,因此我们可以将大数据时代理解成海量信息时代。从字面上来理解,现代社会拥有大量丰富的数据,如何对这些数据进行应用,将数据背后的信息挖掘出来,并且将数据背后信息的作用充分地发挥出来是现阶段值得思考的问题。大数据时代下的高校英语教学也发生了一系列的变化,在大数据的背景下,高校的信息呈现更加的迅速和有效,高校英语教学变得更加的方便和快捷。当代大学生可以利用空闲时间观看优秀的美剧,美剧具有连续性和逻辑性强的特点,所以在观看美剧的过程中,学生不仅能够丰富业余生活,还可以学习英语知识,培养英语的语感。所以说大数据的时代,给高校英语教学模式的创新提供了机遇和平台,但在实际的创新过程中,依然面临着很多挑战,其中最明显的就是授课方式比较陈旧以及信息化的程度不够高等方面。

笔者在对一些高校进行实地考察后发现,在大多数高等院校当中依然采取传统的教学模式进行大学英语教学,这一教学模式使用的主要教学方法是教授法,也就是传统的教师在上面讲,学生在下面听。这种教学模式没有将学生的主动性发挥出来,教师在整个英语教学课堂中占据主导地位,学生的兴致难以提升。整个课堂气氛低沉。在这种教学模式下,学生的英语实践能力难以提升,且学习的效果不佳,在教学结束后,教师还会给学生布置相应的作业用来巩固上课所讲的内容。这种教学模式在我国的应用时间非常的长,并且在一定程度上是有着良好的教学效果的,但是随着时代的发展,这种教学模式已经不适合现在大学生的发展需要。他们毕业后需要进入社会,但是利用这种教学模式学习到的英语知识难以在生活和工作当中得到应用,不能满足学生对于工作的需要。

我们知道在大学期间学生需要通过全国英语四级和英语六级的考试,所以大多数的英语教师将工作的重点放在了教授英语四六级的知识上,教学目标是如何通过英语四六级考试。所以他们对于学生在实际生活中如何应用英语并不十分关注。当大学生离开学校进入工作岗位需要运用英语进行交流时,就会不知所措,难以进行交流。

英语是世界上使用国家最多的语言,随着国际交流的频繁,对于学生英语能力的要求就更加的高了。我们进行英语学习是为了更好地进行国际交流，更好地了解世界的发展状况，更好地认识世界。因此，我们要求英语教学与时代接轨，顺应时代发展的步伐。

大数据时代为英语教学与时代接轨的要求提供了机遇，在这一时代，大量的信息在人与人之间相互穿越，在国家与国家之间共享。互联网就成为学生获取知识进行交流的主要工具。对于高等院校的大学生来说，就可以利用互联网在网上查找数量较多、质量也比较好的英语知识。当高校的学生改变了对于大数据和互联网的认识，让大数据为英语学习提供更好的服务时，他们的英语学习水平和英语实践能力将有显著的提高。

高校是人才培养的主要基地，所以它对于学生的培养方式和培养手段会直接地影响到高校的教学质量和大学生今后对社会的适应能力。高校日常教学的重要组成部分之一是英语教学，所以在大数据视域下对高校教学模式进行改革创新对于提高高等院校的教学质量，帮助学生更好地适应社会，提高学生的就业率都有着积极的作用。再加上，21世纪的两大潮流是经济全球化和世界多元化，所以国家与国家之间的交流越来越广泛，英语作为最重要的交流语言之一，一直受到关注。在大数据时代，传统的英语教学模式已不适应现代社会发展的需求，所以迫切需要进行改革和创新。因此，在大数据的视域下对高校教学模式和教学方法进行改革和创新，能够实现信息技术与英语教学的融合，加强信息技术在英语教学中的实际作用，挖掘教师的教学潜力，找到更多的教学资源，帮助大学生建立英语学习平台，实现教学资源的传递和共享，提升高等院校的教学质量，推动高等院校英语教学向着现代化、信息化、高效化、数字化的方向发展。

转变传统的高校英语教学观念，为了更好地实现高校英语教学模式的创新，对大数据时代背景下的高校发展提出了更多的要求，转变传统的高校英语教学观念也是提高高校英语教学水平一个非常重要的途径。高校在信息化的时代下，具有承载信息、传递知识的功能。为了提高高校英语教学的质量，培养更加优秀的英语专业人才，就必须对传统的高校英语教学观念进行转变。经过调查研究可以发现，当前，很多高校中的工作人员对高校英语教学的理念比较传统，所以高校的英语教学不能很好地适应现代信息化的时代。针对上述情况，要求高校结合大数据时代对高等院校提出的具体的全新的要求，采取多元化的手段来对高校英语教学体系进行调整和设计，对高校英语教学人员的应用教学理念进行革新，从而实现高校内部信息化和数字化。此外，对高校英语教学人员进行技巧和能力的培养，转变工作人员的教学理念，加强工作人员大数据技术的应用能力。

大数据视域下创新大学生英语学习方式。在大数据的时代下，全民信息化的时代已经逐渐来临。上文对当前大学英语教学中存在的问题进行了浅析，也对出现问题的原因进行了阐释。由上文可知在大数据的视野下对传统的英语教学模式进行改革，不断地丰富教师的教学手段，创新教学方式，对于教师提高学生的语言应用能力有着重要的作用。同时，这也是衡量一个教师教学能力的重要标准。

高等院校的英语教师为了提高自身的教学能力和工作效率，就需要学习先进的教学设备的操作，然后利用多种教学方法进行教学。举例来说，一个使用多媒体、微课或者是慕课教学的教师比一个利用传统的口头教学、提问教学或者是板书教学的教师更能受到学生的欢迎，学生学习的主动性也会更高一些。在大数据的时代背景下，教师要充分地利用信息技术，将英语教学内容与学生的爱好和实际需求结合起来，引导学生运用现代的、科学的办法进行英语学习。

教师为丰富大学生的词汇量，还可以通过播放英语电影来引起学生学习英语的兴趣，让学生在观看英语电影的同时，积累英语词汇，提升英语听力水平，锻炼口语的表达。不仅是这样，通过观看英语电影还可以培养大学生的语感，帮助学生理解语法，更好地运用英语。

利用大数据技术对大学生英语学习需求进行了解。大数据具有收集数据、分析数据的能力，并且通过大数据分析出来的数据结果准确度极高，参考价值也极高。高等院校可以利用大数据的这一特点对大学生英语学习的实际需求进行收集和整理，然后根据收集和整理出来的结果，采取合适的方法满足学生的需求。一般情况下，高等院校可以根据大学生使用的搜索引擎对学生的兴趣和需要进行了解，找到学生对英语的兴趣点，然后根据学生的学习兴趣，制订相应的教学计划，安排相应的教学内容。学校可以通过对大学生在图书馆系统搜索的相关内容，对学生关于英语学习需求进行了解，然后购买相应的书籍来满足学生关于这方面的需求，从而办出自己的特色，提高教学质量。或者，可以采取网络填写调查问卷的方式，征求学生对于英语教学的建议和想法，然后对可行的建议进行采纳。基于学生的需求实现个性化的英语教学，数据和信息泛滥是大数据时代一个非常重要的特征，在巨大的信息量面前，怎样选择自己需要的信息是非常关键和重要的。英语教师应该对学生选择信息的能力进行培养和提高，而学生就需要在外界力量的帮助下来分析自身潜在的需求以及对隐性知识进行挖掘，找出自己真正需要的信息。在高校的图书馆中往往隐藏着大量的信息，其中包括了各种学习资料、文学资料和学术资料，所以要求高校能够更好地对本校的图书馆资源进行利用，为学生提供更加个性化的服务。让学生在学习与生活的过程中对图书馆中的资料进行利用，从而提高自己的英语学习能力。同时，学校应该充分地利用多媒体对学生进行兴趣方面的启发，在多媒体上播放美剧等来为学生的英语学习提供更好的媒体环境，美剧既可以作为学生放松时的调剂，又是引导学生学习英语文化的重要载体。

在高校的英语教学过程中，信息的共享也是非常重要的，学生被当作是大数据时代的一个信息主体，教师应该将学生的信息主体的作用充分发挥出来，学生与教师之间、学生与学生之间可以进行资源的共享。例如教师将各种英语资料进行整合，然后共享在网络上，学生通过下载对这些资料进行学习。在这个过程中，学生的自主学习能力也得到了培养，而且学生与学生之间的信息共享还有助于团队精神和合作精神的培养。构建高校英语教学智能化平台。在大数据的视野下，高校英语教学朝着科学化、现代化、高效化和信息化的方向发展，高校就应该积极抓住发展机遇，借助大数据的特殊优势在本校内构建英语教学智能化的平台，例如，现在在我国比较流行的几种授课模式，如慕课、翻转课堂等。这些新兴的授课方式就是在大数据的背景下逐渐产生的，它可以利用大数据的优势，建立智能化的网络平台，让学生的兴趣不断提高。同时，这些授课模式对于学生主动接受英语知识来说也有着积极的促进作用，高校的英语教学智能化平台对于实现英语教学资源的传递和共享，及提升大学生的学习效率也有着积极的作用。所以学校应该将计算机技术、互联网技术与英语知识的传授结合起来，建立起一个高效的、智能的英语教学平台。只有这样，才能对传统的教学模式进行改革，才能在很大程度上满足现代社会对于大学生英语能力的要求，顺应时代的发展，满足适应社会增加就业率的需求。

由上文可知，大数据时代的到来和发展对人们的生产、生活和学习产生了深远的影响，也给高校的教育带来了挑战。英语作为现代大学生必备的技能之一，就更应该主动地进行改革创新，积极地迎接挑战，将大数据给高校英语教学带来的生机和活力充分地发挥出来。面对当前高校英语教学中存在的各种问题，教育工作者应该对大数据时代的发展状况和特征进行研究，充分认识到大数据时代的含义，在了解大数据时代的基础上创新英语教学模式和教学方法。大学生具有其特殊的年龄特征，在进行教学改革时，还应该对这一时期学生的心理状况和年龄特征进行了解，针对大学生的需求进行英语教学，发展大学生的独特个性。所以在大数据的视域下，要想对高校的英语教学模式和教学方法进行创新，就需要利用大数据的相关知识创新学生的学习方式和教师的知识传授方式，需要利用大数据对大学生英语学习的需求进行了解，需要构建高校英语教学智能化平台，更好地实现英语教学资源的共享。只有这样，高校才能为我国培育出更多的优秀人才，

第四章 大学英语线上线下混合式教学模式

第一节 大学英语线上线下混合式教学模式的教学理论

一、大学课程线上线下混合式教学模式的概念

Blending Learning，译做混合式学习，其内涵是多种学习方式的结合，如使用传统媒体（黑板、粉笔等）的学习方式与使用多媒体的学习方式相结合；自主学习与协作学习相结合等。

随着互联网技术的发展赋予混合式学习新内涵：混合式学习通过将传统学习方式与网络化学习方式的优势结合起来，在发挥教师引导、启发、监控教学过程主导作用的同时更好地体现学生作为学习主体的主体性、积极性、创造性。混合式学习新内涵在原有内涵上提出新结合，即在传统学习方式与网络化学习方式相结合，学生主体性与教师主导性相结合。

混合式教学是混合式学习理论指导下线下传统课堂教学与线上网络学习相融合的一种教学模式。混合式教学结合了传统教学和线上教学的优势，既保证了传统教学中师生面对面的教学与交流，又能实现学生的网络自主学习及实时在线教学反馈与交流，提高教学效率。美国教育部的一项研究表明，相比单一传统面授教学和单一线上学习，二者相结合的混合教学更有效。

混合式教学在移动互联网时代更具"混合"特性，互联网技术不断发展使传统课堂和线上课堂不断融合，传统课堂正在不断放大和延伸，一些开放式学习云平台应运而生。

随着大量网络课程的推出，以MOOC、SPOC为代表的"线上"教学模式开

始受到大量学生的青睐，这给传统面对面的授课模式带来了巨大的挑战。单纯的"线上"教育模式缺乏人与人情感上的交流、教师面对面个性化的指导、教师和学生及学生和学生之间的即时讨论等，不能完全取代传统的教学模式。将商业领域的O2O模式引入教学，做"线上"和"线下"教学模式的整合，成为当前教学改革的方向。

O2O是一种商业运营模式，也是一种思维方式，将这种思维方式运用到教学模式的改革中，能够给学生和教师带来全新的体验。"O2O教学模式"就是一种将线上教学与线下教学相结合的新型教学模式。其中，线上教学通常包括大规模开放在线课程MOOC、小规模私有在线课程SPOC、线上讨论、其他线上活动等形式；线下教学则包括课堂教学、实践教学、线下讨论、其他线下的交流活动等。

在传统的授课过程中由教师进行支配和主导，仅仅凭借教师讲授，学生听的单一授课方式。而O2O课程则通过聘请具有一定教学管理经验的教师建立线上虚拟班级，将授课内容拓展到课外（线上），学生通过网络平台上的微课、在线视频等新媒体，自主学习重点知识，利用课堂时间（线下）组织互动学习小组进行探讨、交流，以便完成知识的消化吸收，从而加强学生的自主学习能力，更好地促进学生协作沟通能力和创新能力的提升。高校构建的O2O课程体系能够打破传统课程的时空局限、翻转传统课堂教学中的"教"与"学"、颠覆师生的主体地位，使O2O课程的开设具有开放性、体验性、前瞻性。O2O课程体系的设计具有完备的要素，围绕课程目标、课程内容、课程要求三个方面对原有的课程体系进行解构，跳出学科体系的藩篱，对知识点进行模块化设计，精心择取、凝练、组织教学内容及其他环节，将各知识点进行重构、衔接，从而构成该课程完整的知识体系，将学习从存储知识的过程向应用知识、创造知识的过程转变。"以学生发展为中心"的课程目标重点是要培养学生的自主学习能力、创新能力及协作沟通能力。对学生自主学习能力的培养，教师可将教学内容中的知识点录制成微视频，学生利用网络多媒体设备或移动通信终端等进行自主学习，对于学习过程中出现的重点难点问题，学生可以通过暂停、多次回放和反复观看视频等多种功能加以解决，提升学生的自学能力；对学生创新能力的培养，教师在录制微视频时要创设与教学内容相符合的教学情境，让学生在客观情境中获得具体感受，且教师在设计多媒体教学视频中要巧设疑问，使学习活动能够成为发掘问题、剖析问题、解决问题的过程，进而发挥学生的创造性思维，克服传统教学模式"满堂灌"的局限性，激发学生的创新意识；对学生协作沟通能力的培养，教师在制作视频教学内容时，可在知识点讲解后增加测验题，针对学生的学习效果进行检测并及时得到反馈；此外，学生可以组织互动学习小组进行探讨与交流，对测验中存在的问题进行答疑解惑，并在良好的互动过程中分享自己的学习经验和成果，有助于提升学生的协作沟通能力。

O2O 教学是以线上为主导，线下为主体的教学模式，O2O 教学是线上教学和线下教学的有机融合。线上教学用于自主学习视频、动画等掌握基本的知识点，还用于完成部分练习题，线上教学在整个教学过程中起到了主导作用；线下辅导用于解决难点问题，查漏补缺，升华知识，线下教学在整个教学过程中起到主体作用。只有将线上和线下结合起来，才是 O2O 的精华所在：一方面可以弥补线上教学在与学生沟通、交流等方面的不足；另一方面也可以弥补线下教学需要消耗大方面人力、物力、财力且受时间和空间限制等方面的缺点。

O2O 教学的关键点在于培养学生的学习主动性，O2O 教学的一个重要环节是线上教学：要求学生通过线上自主学习视频、动画等方式掌握基本的知识点或者完成部分练习题。要完成这个环节，一个重要点在于学生的学习主动性。只有学生能够较好地管住自己，才能自主完成线上学习（当然也跟线上教学视频的质量、趣味性等方面有关）。培养学生的学习主动性，在线上和线下两个环节中都应该注意。首先，在线上环节中，需要增强教学视频的质量、趣味性、引起学生的好奇心；其次，在线下环节中，也需要通过鼓励、引导等一系列措施，引起学生的好奇心和学习主动性。

二、大学课程线上线下混合式教学模式的特点

当代大学生具有一定的自学能力，追求自主和个性，单纯依赖传统课堂的教学会因为教学方式陈旧、信息获取慢等，无法引起学生的兴趣；另一方面，由于信息社会带来的各种诱惑比较多，学生的自控力较弱，单纯依靠 MOOC 等网络教学很容易将原来的"满堂灌"演变成"机灌"。

O2O 教学模式一方面能够满足学生主体的需求，具有线上教学的灵活、自主以及重现属性，另一方面能够实现教师教书育人的双重目标，具有线下教学的生动、个性以及互动属性[1]。从计算机专业教学的角度来看，O2O 教学模式具有以下几个显著特点：

---

[1] 孙雅君."互联网+"时代高校英语课堂教学的思考[J].吉林农业科技学院学报，2017，26（2）：97-98，121.

（一）师生间的多向交流性

O2O 教学模式中师生之间的交流方式是多样的，可以在线上，也可以在线下，同时还可以从线下到线上，再从线上到线下等。该教学模式通常借助分组讨论、实验、竞赛等活动，在学生与学生之间、教师和学生之间形成 1 对 1、1 对多或多对多的交流机制。在这种交流过程中，教师的角色也会发生微妙的转变，再也不是知识的单向传播者，而是与学生平等的、合作学习的参与者，同时是互动教学的设计者和组织者；学生也会从这种学习交流过程中找到自主式学习和合作式学习的乐趣，从而提高学习的主动性。并且不限制学生人数，且人数越多越能发挥其互动、互评功能，而传统课堂可容纳的学生是有限的，同时也避免了教师的重复劳动。并且还实现了师生角色的重新定位，从而使课程教学的主体得到明确。首先，教师不仅能够通过慕课形式对基础课进行讲解，并且可以在线下为学生答疑解惑，对学生进行指导，促进学生的理解，充分体现教师教书育人的价值。其次，教师在教学过程中，可以通过教学情境对学生进行教学的引导，使学生结合情境进行思考，彻底弄清楚一个知识点或者解决一个关键性的问题。

（二）学习资源的丰富性

在传统的计算机专业课教学过程中，教师通常是一套 PPT 走天下，课堂上教学内容陈旧，实践课的内容与现实情况差距大。O2O 教学模式可以利用线上大量的 MOOC、微课以及与授课内容相关的动画和影视，为学生提供丰富的、先进的、优秀的学习资源，还可以录制知名专家和学者的讲课视频、实践高手的操作录像等，使优质资源与学习者无缝对接，更好地实现教育的普惠性。所有学生都能享受"名校名师"的优质教育资源，真正体现了教育的公平性。授课过程透明化，质量可监控，可追溯；学习效果透明化，学生的提问、教师的反馈等可统计，可追溯。实现了师生之间、同学之间的高度互动，学生的表达和思辨能力得到锻炼和培养。

（三）教学形式的多样性

O2O 教学模式中可以采用的教学形式多种多样，包括观看线上视频、参与线下讨论、课堂重点讲解、课堂练习、案例分析、头脑风暴、上机实践等方式。所谓教无定法，是指教学形式可以根据学生的状态、需求、个性以及教师的教学风格来确定，百花齐放，形式各异。正是由于教学形式的多样性，O2O 教学模式不但能吸引学生的注意力，还能烘托学生和教师以及学生与学生之间的互动氛围，提高学生自主学习的参与度。更多地以"学生为中心"来构建教和学的环境，要求教师的角色从"传道授业"的讲授者向"解惑"为主的引导者转变，学生通过自主学习、反复学习，与教师和其他同学互动交流而获得知识。从而培养了学生学习的主动性、自觉性和创新性。线上教学虽然具有突出的优势，但是其不能完全取代传统的线下教学，而只能是对线下教学起辅助的作用。并且学生在长时间的学习中，不仅难以集中精力，而且还容易产生枯燥乏味的情绪，课堂教学的质量和效率难以保证。所以混合式教学可使学生的注意力更加集中，其通过课程内容的分割，在时间安排、形式搭配、互动设计等方面进行一定的组织编排，能提高课程教学的互动性，使教学变得灵活有趣。学生可以在线上学习后，通过线下的学习对知识加以巩固，从而得到更为理想的教学效果。

三、大学课程线上线下混合式教学模式的内容

（一）混合教学模式与传统教学模式的区别

混合教学模式并不是简单的互联网技术与教育行业的两者相加，而是利用信息通信技术以及互联网平台，让互联网与教育行业进行深度融合，创造新的发展生态。混合教学模式作为一种新型教学模式，与传统教学模式有明显不同，主要体现在以下几方面：

1. 时空的转换

基于"互联网+"的教学模式打破了教学活动的时空限制，视听传输技术和在线学习系统，使学习不再受到时间和空间的限制，教学活动可以在任何地点，任意时间进行。传统教学模式主要在教室完成授课，以教师讲授为主，同时结合板书、PPT等教学方式，完成知识的传授。基于"互联网+"的教学模式则完全打破了时空的局限性，师生可以随时随地展开交流，课堂上亦可通过网络进行教学容的深度扩展，由此达到课内外一体化的教学目的。

2. 角色的转变

传统教学模式的主角是教师，教学内容以教材结合讲义为主，教师在课堂上占据完全主导地位，学生被动接受，积极性和参与性不足。在传统课堂上，教师将时间和精力主要分配在课程知识的讲授和传递上，学生忙于记忆和初级层面的理解，师生没有足够的时间和精力进行互动交流，对知识深层次的理解和应用、

新知识的创造等教学目标难以实现。基于"互联网+"的教学模式则更多地站在学生的角度,通过各种信息技术和工具引导学生自主学习,激发学生的学习主动性和积极性,提高学生的参与程度。

3.教学组织管理的改善和网络平台的应用

由于信息技术的迅猛发展,尤其是智能手机以及无线网络的普及,高校学生对于手机的利用程度可以说是达到了前所未有的度,无论是课上还是课后,学生都以手机为主要接收信息的工具,与其禁止学生在课堂上使用手机,不如利用手机为教学服务。同样,由于无线网络的普及,笔记本电脑亦可随时随地接入互联网,这也给新型教学模式带来了极大的便利。教师可以利用各种网络平台,与学生进行一对一、一对多甚至是多对多的线上教学。简单地说,基于"互联网+"的新型教学模式就是要在现有的互联网大范围普及的背景下,彻底转变固有的教学模式,利用信息技术和手段,应用各种网络平台,对教学方式方法进行大刀阔斧的改革。

(二)基于"互联网+"的教学组织与管理

1.开发O2O教学模式

基于"互联网+"的教学模式改革并不是要完全抛弃传统的教学管理和组织方式,在传统的课堂教学中,诸如人才培养方案、教学大纲、课程标准、授课进度计划、多媒体课件、教学案例、实训任务书、授课素材、自学材料等教学资源均已在多年的教学实践中得到开发及完善。O2O模式的应用,是要在线下资源已经非常完备的条件下开发线上资源,并同时做到线下线上一体化,也就是课内外一体化教学模式的延伸和拓展。基于"互联网+"的教学模式改革,其根本在于利用互联网的信息技术优势,使学生能够随时随地接触到课程的知识点,因此改革的首要任务就是完善线上资源,可采用诸如微视频、微课、网络课程直播等授课方式,在教学资源的共享方面,可利用各种手段,包括教学平台、网络平台、微信群、QQ群等,同时,教师还可以通过创建微信公众账号,将课堂重点、拓展学习材料以文字、图片、短视频等多种形式发送到每名学生的手机微信之中,督促学生进行课后复习及拓展学习。O2O教学模式的最大优点是学生可以依据自己的时间,合理安排学习内容,制定个性化的学习方案;并通过微信、QQ、微信公众号等渠道与教师实时互动,获得充分的学习指导及帮助。

2.创建新型的考核和评价机制

基于"互联网+"的教学模式改革必然导致学生有更多的时间在课堂外进行自主学习,如何掌握学生的学习进度、检验学生的学习效果以及如何进行课程考核都是改革必须要面对和解决的问题。根据课程的特点,按照课堂讲授、个人作业、小组项目分别进行测试。理论教学采用原始的试卷模式;个人作业综合学生完成的各项作业中体现的创新性、连续性和最终的课程总结给出成绩;小组项目,根据学生进行的自我评价、同学评价,以及进行的口试答辩和论文报告等项目给出最终成绩。与传统教学等考核评价机制不同的是,新型的考评机制更为重视检验学生自我学习的成果,无论是个人作业还是小组项目,在最终成绩中所占的比重都大为提高,相应地,增加网络测试的频率和难度,平时成绩分阶段给出,这就要求学生在学习的过程中始终保持连贯性,不能有丝毫懈怠。基于"互联网+"的教学模式改革,对学生的考核评价不再局限于一门课程的学分是多少和考试成绩高低,而是将学习的全过程纳入考核评价体系,也就是从结果型导向向过程型导向转变。考查学生的学习动机、学习过程和学习效果三个方面,主要考察的重点是学生是否培养了查找信息、获取知识的能力,是否培养了团队学习的能力,是否能够将理论与实践结合,是否已经具备知识创造的能力等。只有具备了这些能力,才能真正培养出高素质和应用型人才。

(三)新型教学模式构建原则

1.一个中心,从原有教学模式以教师为中心转变为以学生为中心

以教师为中心,往往忽略了学生的学习体会,从而影响了学习效果。而以学生为中心,从学生的需求出发,将学生切实放在学习主体地位,根据学生的学习习惯、学习兴趣、学习接收程度等考量教学内容和教学方法,采用边学边考、通关考核、互相答疑等方式,提高学生学习主观能动性和参与度,从而提高教学成效。

2.两条主线,实体课堂和网络授课同步进行、各取所长

将授课内容做成"微课",放置于网络平台上供学生学习。课程微课化,能够提炼精华,突出重点。通过小问题穿插于微课视频中间,并能够自动判题,类似游戏通关设置,激发学生的参与度和积极性;设立互动社区,学习者提出的难疑问题,很短时间内就会有人回答,或者系统会弹出标准答案;设有在线试题库,由浅入深,系统自动批改,并提出下一步学习建议。实现学习者个性化学习和自

主学习,并实现系统反馈提升学习效果。实体课堂以辅导、答疑、现场讨论等形式开展,一改以往只以教师讲授为主的固有模式。重点监测学生的课堂活跃度、提问的次数和难度、分析学生学习状态,以此调整网络教学内容,两种授课互相促进。

(四)实现方式

1.稳固教学重心

教改的关键在于明确教学重心,使传统教学与线上教学优势互补,功能最大化。这就必须明确两者在教学中的地位,就当前中国高等教育而言,传统教学的主体地位是不可动摇的,线上教学只是一种辅助手段,两种教学不能等同甚至颠倒。明确了教学地位,也就决定了接下来教改的重心所在。与此同时,也不能忽视线上教学,只是明确了线上教学要服务于传统课堂,体现其辅助性功能。两种教学分工明确,高校课程教学的核心在于传授社会主义核心价值体系,帮助学生践行社会主义核心价值观。而线上教学其主要任务就在于传授核心知识体系,传统教学就在于帮助学生树立、践行社会主义核心价值观,做到知行合一。面对这一现代技术下的产物——网络课程教学,我们要清醒地意识到其所隐含的诸多风险,积极地研究对策,处理好名校名师线上教学与本校普通教师教学的关系,既要更新教学内容,同时也要运用现代网络技术来为自身教学服务,理清慕课虚拟课堂与传统现实课堂之间的关系。无论是传统实体课堂还是虚拟的线上教学,新颖的教学内容才是教学效果提升的关键所在。传统课堂是宣扬社会主义核心价值观的阵地,肩负着培养社会主义接班人的任务。传统课堂效果的好与坏,是生成而非既成。教学内容相同,但主讲教师不同,所产生的效果也是不一样的。同样的教师,面对不同的学生所产生的教学效果也不一样。因此,传统课堂的魅力应注重师生间面对面的交流沟通,授课魅力与学生莫逆之心融为一体,让学生身临其境地体验这场入心、入脑、入灵魂的教学情境。

传统课堂必不可少,但优质的线上教学内容也可作为教学补充。实现两者的优势互补,使传统的课程教学由课堂延伸至网络,由校内延伸至全国。慕课的引入须遵循课程教学规律,才能使各高校学生共享线上优质教育资源,完善教育形式,形成便利的自由自主学习方式,最终实现生活中泛在学习的新常态。

2. 落实教学保障

建立有效的保障机制是混合教学模式重心所在，而线上教学只能作为一种辅助手段。当前线上课程学习很大程度上取决于学生自身的自觉性。鉴于此，整个教学过程必须丰富多彩，趣味十足，才能激发学生学习热情，吸引学生参与教学。可以创设情境教学模式，通过叙事、活动、模拟等环境使学生身临其境，在轻松愉悦的环境中体验教学，融情于学，唤起学生内心共鸣，提升教学魅力，激发学生自主性学习能力，使学生在线上平台学习中更加自律。其次，研究网络技术，对学生线上学习过程实行全程监控。关注慕课技术的开发，保障网络开放的程序，完善线上课程保障手段，例如，确认学生身份信息，短信、微信提示学习任务等，保障慕课教学效果。总之，学生的自律和技术保障的他律是整个混合式教学的保障体系。

3. 提升知识素养——理性编排教学内容

教学内容作为整个课程教学的核心要素，其编排是否合理将直接影响教学效果。基于知识要点的整体完整性特点，以及时间长短，合理切割视频内容。遵循课程逻辑思维特点，合理编排视频顺序，使学生身临其境地进行游戏式学习。拓展理论与现实的分析结合。把线上教学引入课堂教学中，对于教师而言需要不断地提升自身学术素养，拓展学术视野，丰富教学素养。深入学生，了解其思想特点，兴趣爱好，并接触与学生相关的信息，与教学融为一体，增添教学魅力吸引力。其次，熟悉使用网络技术，英语教师应主动了解网络技术使用的关键点，掌握其基本操作技能，最大限度地发挥线上教学功能。最后，学术团队的培养。仅靠两三个人并不能完成日常课程的教学工作，教学视频内容编排与分割，拍摄与剪辑制作，均需整个教学团队合作。因而，整个教学团队必须有很强的整体合作意识，发挥整体思维优势，增强影响力，展现混合式教学的根本性变革。

第二节　大学英语线上线下混合式教学模式的环节设计

一、大学英语线上线下混合教学模式的实施过程

（一）教学前的准备活动

1. 安排线上线下教学活动

据调查，93.1% 的人喜欢面授辅导与线上学习相结合的混合学习模式，并且要以面授辅导为主、线上学习为辅。无论是线下教学还是线上教学，都已不再是单纯地传授知识、技能，而是要以学习者为主体，培养学习者诸如信息处理技能、解决问题的能力与创造能力、学习能力、批判性思维能力、社会交流与协作能力等多方面的能力。在此目标指导下，对知识进行划分，不同的知识与信息技术有不同的整合方法。

2. 建设线上平台学习资源

据调查，教学资源的受欢迎程度依次为：导学 79.31%，案例故事视频 62.07%，在线自测 55.17%，辅导课内容 PPT 48.28%。因此，应从这几方面建立相对应的教学资源。导学主要介绍该课程的主要内容、教学方法、学习方法、考试形式等；案例故事视频是利用信息技术，利用网络教学平台的优质资源，挑选其中与考试相关、重要的、新颖的案例，通过录屏、录播等编辑方式将其转化成可供灵活下载的视频；在线测试则是将重点、难点、考点转换成问题加以强调；辅导课内容主要是上课的课件，供没来的同学或没有听懂的同学反复观看。

（二）教学中的组织活动

1. 指导使用学习资源

基于信息技术的教学，改变了学习者的学习方式，还要把对信息技术及资源的学习和应用考虑其中。对于开放大学学习者而言，学习资源包括教科书和网上资源。对各类学习资源的使用，仍应充分发挥线下教学与线上教学的作用。教科书的指导和使用一般主要通过面授课完成，班级自建资源中的导学资源给予辅助。

网上资源的使用虽以网上学习为主，但仍离不开面授课的指导，告知学习者各类资源的分布设计，梳理出相关的重点资源。如讲解一个知识点，可以借助网上资源，在指导学习者使用资源的同时，帮助学习者加深对知识点的理解。

2. 恰当选择教学策略

教学策略有多种，没有一种适应任何情况的教学策略，要根据实际情况灵活应用。如在课程的教学策略选择上，首先采用导入策略，在每一章都通过创设情境，提出问题，激发学习者的参与。其次采用组织策略，因为仅仅呈现情境很难达到让学员互动的目的，要采用随机点名、分组的方式鼓励学习者积极发言。第三是强调策略，尤其对比较枯燥的基础知识、基本原理的讲解，要一再强调在考试过程中可能会出现的考法，通过现场出题，让学习者作答。第四是提问策略，尤其是在案例呈现过程中，每到一个故事发展的高潮点，就鼓励学习者设想故事的发展，设想自己是主人公如何处理案例中碰到的问题，通过步步提问，由易到难，逐步吸引学习者的参与。第五是及时反馈的策略，每次学习者回答完问题，都要给予及时的肯定。

3. 组织开展小组讨论

建构主义强调有组织的协作会话，对于线上教学，组织性尤为重要，是信息技术与课程教学互动性双向整合向更高层面发展的关键。首先小组分组有讲究。要事先与班主任和班长沟通，对学习者的已有知识、经验和能力有所了解，然后强弱搭配，挑选组织能力强的学生作为组长。其次小组讨论要有组织性。该课程的学习者是新生，彼此之间不太熟悉，对网上平台系统也不熟悉，不容易产生互动交流，因此可在机房组织一次小组讨论，让学生之间彼此熟悉，方便教师的统一指导。再次小组讨论主题要有独创性[1]。小组讨论在机房进行，以往很多学习者会将讨论的主题直接通过百度等搜索引擎寻找答案，进行复制、粘贴，为避免这一情况的再度发生，在确定讨论主题之前要事先查看网上关于这一主题的资料，确保该问题尚没有"标准"答案。最后小组讨论形式有待改进，随着信息技术的发展，可以通过微信、直播课堂、BBS等多种形式开展小组讨论，既紧跟信息技术发展步伐，又能方便学习者的学习。

---

1 鲁子问，康淑敏.英语教学设计[M].上海：华东师范大学出版社，2010：24-29.

（三）教学后的评价活动

1. 巧妙设计在线测试

在线测试是非常重要的一种学习资源。随着信息技术的发展，在线测试已经成为教学过程中实施形成性评价的有力工具，是信息技术与教学深度融合的又一举措。它可以让师生得到及时反馈，让学习者了解自己对知识的掌握程度，让教师看到学习者的学习情况，以及时调整教学。

2. 注意收集评价数据

教学活动要尽量做到形成性评价与终结性评价相结合。形成性评价主要通过统计出勤率、访谈、座谈、活动小结等方式进行；终结性评价主要通过总校数据的统计结果、出勤率趋势、学习心得、满意度测评、考试合格率等数据来反映。评价数据的收集和分析，一方面离不开学校的学习支持服务；另一方面，88.66%的学习者常用QQ和微信交流，这些网聊工具已成为收集相关评价数据的重要渠道，而且更能真实地反应学习者的情况，是教学交互和教学评价的有效补充。

二、大学英语线上线下混合教学的课时分配

采用三段式的"翻转课堂"教学模式，将课堂教学主要分为课前、课堂上、课后三个阶段，在教学设计中将教师活动和学生活动两部分有机结合起来。关于课前课后学习时间，对于学生来说，由于混合式教学中的课前在线学习及课后任务时间相对传统教学占用了其更多的课外时间，对于教师来说，由于线下学习时间的碎片化及学生学习互动及反馈的随机性，要求教师利用课余时间来引导和参与互动及反馈。因此不管是学生还是教师都意味着在课外环节需要更多的时间和精力。课前及课后时间要不要纳入标准学时内，如何计算标准学时这也是混合式教学中需要进一步研究的问题。

（一）线上：课前

课前教师的主要任务，是选取教学视频，教师可以选取需要讲解知识点的相关实际项目案例或名师授课视频，如果无法找到，就需要教师自己录制，通过理论讲解和操作演示，录制与课程知识点一一对应的5~15分钟的授课视频，帮助学生通过视频学习，对知识点在理论层面上有一定的认识，熟悉实际操作过程。接着教师针对视频设定相应的课前自主学习案例，帮助学生通过解答案例中的习题，

加深学习的兴趣。学生在授课视频和阅读材料的帮助下，完成课前自主学习案例，并且通过线上的交流讨论，巩固知识点或提出新的问题。

（二）线下：课堂上

课堂教学是师生面对面交流的最佳平台，教师在课前从 MOOC 平台掌握学生的课前预习状况和疑问所在，在课堂中就可以进行重点的分析讲解和解答，也可以组织学生进行讨论，采用课堂问答和主题演讲等形式，调动学生积极性，加深对知识点的理解和应用。

课堂主题演讲时间控制在 5~10 分钟之内，演讲完成后其他学生可以提问，最后由教师进行提炼和总结。无论是主题演讲还是课堂讨论，教师的任务是把控讨论的主题，在自主讨论中积极引导学生按照既定方向进行，同时控制时间，提高课堂授课的有效性。

在讨论中，学生必须是主体，在教师点评的环节，也要以正面表扬为主，以期调动学生的积极性和创造性。在课程实践环节，也可以布置一些主题要求学生分组讨论，学生讨论的分组，完全按照自愿的原则，在完成分组后，选出一个组长，组长要负责主题拟定、组织交流、记录心得等工作，教师则要把握小组讨论的进程，适时指导。

（三）线上&线下：课后

教师完成 MOOC 平台上未答疑问题的解答，并评定学生本知识点的学习成绩。学生线下完成教师布置的作业，在线上 MOOC 平台复习巩固已学知识，在作品交流分享、学习测试评价和总结分析中加深对知识点的理解。

第三节　大学英语线上线下混合式教学模式的实践要求

一、大学英语线上线下混合教学模式的课堂内容要求

教学内容是课程教学的核心因素，教学内容的好坏对课程教学具有直接的影响。应综合考虑课程内容的整体性、时间的安排以及知识点的完整性等，对知识内容进行合理切割。根据课程的逻辑关系，合理编排微课程，使学生能够以轻松的心态进行学习。

二、大学英语线上线下混合教学模式的教师团队要求

教师还应不断地更新教案与课件，将教学与实时动态紧密联系在一起，使学生的学习需求得到满足。然而，每个学生的个性特征及兴趣爱好等存在一定的差异，所以教师对教学资源的整合就显得特别重要，教师应该尽可能地满足绝大多数学生的需求，为学生解答疑惑，将课程的趣味性与理论性有效结合。因此，教师应具备较高的职业素质水平，能够将优质的教学内容通过科学的方式传授给学生，促进学生的理解，提升学生的学习效果。教师是线上教学的实施者、承担者、受益者。因此，教师应具有较高的专业知识和职业素养。教师首先应该掌握本专业内丰富的理论知识，其次，应加强慕课技术的研究与掌握，再次，还应该提升自己的团队合作意识及能力。只有教师自身的职业素质水平提高了，才能使英语课教学效果和质量得到保障，才能使学生在寓教于乐的学习中收获丰富的文化知识。教师在网络课程中所担负的工作，可以粗分为线上教材的制作及线上教学的带领。线上教学只是整个网络课程教学工作的一部分，它与其他网络的及非网络的课程活动相搭配，在课程教师的安排与管理下，共同完成课程教学的目标。

当教师带领着学生在网络联机上从事教学互动时，它有许多种不同的形式，这是线上教师的主要工作，并不是要在有限的时间内，对上线的学生进行单向课程讲述，这个线上活动的时间，更应该用在：指导、协助、解答疑惑、激励反思，要学生能提出问题、思考、辩护、建构、巩固线上教学所抛出来的议题，线上教师也同时要对学习者的学习进度及成果做出不断评估与回馈，以有效完成课程的

学习目标。

传统教室的教学，是以教师为中心，教师扮演知识的传播者，教学就是由有知识的教师传播经验给想学习知识的学生的过程；即使是在课堂讨论的场合，仍然是以教师的带领为主要资源核心。但在网络上进行线上教学时，这个线上教师的角色与职责，不同于教室上课讲述的教师，甚至与一般在教室中带领实体讨论的主持教师也不相同[1]。

网络教学中强调的是以学生为中心，要学生主动地上网自学，教师只是在旁协助、咨询、辅导、激励；但也由于学生是以自学为主，又是透过网络媒体来进行虚拟学习，所以在线上教学过程中，就会有许多有关课业疑难、人际关系、信息技术问题的产生，需要线上教师小心管理。

三、大学英语线上线下混合教学模式的学生群体要求

线上教学，应用在教学中，使学生在学习时间、空间的选择上都十分自由，教师不能对学生进行有效的监管，只能依靠学生在学习过程中的自主性。然而，大部分学生在线上学习的时候不能做到良好的自控与自律，往往会出现代课、缺勤、开小差等情况[2]。如此一来，线上教学的实际效果将难以得到保障，为教师对学生学习的监管带来挑战，教师应该设法提高学生线上学习的自主性，提高线上教学的实效性。

四、大学英语线上线下混合教学模式的技术要求

（1）提供一个支持师生利用计算机网络进行教学活动的有效环境，包括备课、授课、自学、讨论、答疑、作业、测验与考试等。

（2）为课程教学提供丰富的数字化教学资源，支持师生通过计算机网络共享有关的课程资料，包括课程大纲、教材、讲稿、课件、作业、考题、参考资料、其他网络资源等。

（3）提供课程教学中的各种管理功能，如课程教师介绍、学生名册与简况、授课与作业计划、考试与评分方法、课程通知、学生注册与登录、测验与考试管理等。

---

1 王乐平.英语思维是这样炼成的[M].广州：华南理工大学出版社，2010：11-13.
2 李珣.高校大班英语小组合作学习模式研究[J].科技资讯，2017，15（16）：187，189.

（4）网络教学课程与课本教材的本质区别在于其媒体表现形式的多样性、媒体间的互补性以及教学活动中的交互性，在制作和应用过程中应特别注意充分发挥多媒体的优越性，搜集、创作和利用各种图形图像、视频录像、声音、动画等素材，采用超媒体结构，并加强交互功能。

（5）网络教学课程建设必须注意版权问题。在网络教学课程中引用他人著作中的文稿、图像、动画、视频等素材，需特别注意版权问题，由此引发的侵权责任由作者自行负责。

（6）网络教学课程建设的基本要求。

1）资源建设。数字化资源是每门课程必须建设的基本内容，包括经系（中心、部）及学校审查认可通过的课程简介、教学大纲、授课计划、教师信息、教学讲义等基本内容。教学大纲、授课计划应按学校的规范要求编写。在基本内容完善的基础上，逐步完善电子教案、网络答疑等内容，并根据课程需要进行有针对性的网络教学设计，同时将与课程相关的课外资料、相关网站链接到课程网页，形成一整套基本涵盖教学全过程的网上教学资源。

2）教学互动。教师在建设网络资源的同时，要积极加强网络教学的应用，与学生在平台上开展课程的教学交流互动，并按照教学进度不断更新内容。要利用教学平台发布课程通知，布置和批阅作业，开展讨论、辅助答疑等。教师应要求学生经常登录网络教学平台，充分利用平台进行辅助学习。教师应及时掌握学生的网上学习状况。

3）教学资源积累。教师要利用网络技术，收集教学相关的资源，丰富个人教学资源库、素材库。提倡教师联合开发、共享共用教学资源。

（7）为推动网络教学课程的建设和网络教学活动的开展，学校应建立网络教学课程建设的长效机制，通过立项方式，在二至三年内建成150门网络课程。

（8）为便于管理和考核，将网络教学课程按其建设和应用情况分为合格、优质两个等级标准。

（9）课程在网络平台上注册，课程简介、教学大纲、教师信息、教学进度安排、考核办法、学习方法指导等课程基本信息上网，教学课件、实践教学指导（适用于有实验教学环节的课程）。

（10）以资源＋平台＋服务为基本开发理念，以课程作为主导航，深度整合名师课程、学校自建课程、公共资源和各种备课资源，有效支持全流程教学的各个环节，并通过学习空间实现交流、互动、分享，着力实现信息技术与教育教学的深度融合，教师通过网络教学平台完成教学，学生通过网络教学平台完成学习，通过信息技术统计教学工作基础数据，推动信息技术在教育行业全面深入应用。

（11）建成网络教学平台。平台能够为学校提供一个网络教学门户，作为学校网络教学对外展示的一个很好的平台，能够为学校定制一个个性化的首页，首页能够设置多个栏目，能够将学校的公告通知，教学组织，课程信息等，学校的教学组织，所有课程信息，精品课程网站能够通过网络教学平台与学校已有的数据和资源实现无缝对接。建成教师教学网络空间。平台能够为教师提供一个基于SNS的教学空间，能够让教师在教学空间里完成与学生的教学互动。

第五章 混合式教学模式下大学英语ESP和EGP融合教学

第一节 ESP教学研究

就目前我国的英语现状而言,在高中时期经过长时间系统的训练,以及大量的习题复习,学生能够较好地掌握语法规则,也拥有了一定的词汇量。然而,步入大学之后,教材更多的是针对长篇阅读进行训练。尽管大部分学生能够通过大学英语四、六级考试,但口语差、语法意识淡薄等问题日渐突出。面对此现状,四、六级考试的意义何在?因此,国内越来越多的学者关注了课程设置的另一种方式,逐渐把重心转移到专门用途英语的教学。

一、ESP简介

专门用途英语(English for specific purposes),也可称为特殊用途英语(English for special purposes),作为英语语言学的一个分支学科,是指与某种特定的职业或学科相关的英语,如今已经成为应用语言学研究的一个热门领域。ESP教学主张主要形成于20世纪60年代的英语国家。而我国,直至20世纪70年代末才开始对ESP给予关注。进入20世纪80年代后,介绍关于ESP教学的文章开始多了起来,如张义斌、伍谦光等学者。然而时至今日,无论是从理论上还是从实践上,我国ESP教学尚未进入成熟阶段。因此如何让ESP能够真正走入大学课堂还需广泛深入实践。

二、ESP 教学实践现状

ESP 的兴起和发展主要可以归为以下两点：

（1）英语的广泛使用，已经成为经济、文化、政治交流的主要工具；

（2）语言学研究的重点从语言本身的结构体系转向了语言的实用性。

然而，ESP 是一个多元化的教学理念。其一，ESP 涵盖的知识面广，不仅有语言学知识，同时还涉及专业性知识。其二，针对不同国家的不同教育政策，ESP 的实施方案有所差异。

在一些使用英语的国家，某些高校已经将 ESP 应用到了教学实践中。例如在 1999 年，英国的中央兰开夏大学率先开设了国际商务英语专业，并设置硕士、文凭和证书三个层次，以及全日制学习、业余时间学习和远程教育三种形式。还有一些大学为了提高教师对 ESP 教学方面的技巧和能力而开设了短期培训项目，如伦敦都市大学商务英语教师培训部等。还有爱尔兰的行政语言培训学院和阿尔法英语语言学院，新西兰的实能学院和澳大利亚天主教大学都开设了多种 ESP 课程。

台湾成功大学也从 EGP 转向了 ESP 教学。为了学生的学术需求和职业需求，2007 年，台湾成功大学的外文系正式启动了"成功大学提升全校英语能力计划"，简称成鹰项目。

三、国内 ESP 教学存在的问题

尽管 ESP 已经日渐引起国内学者的重视，但始终没有形成一套完整的体系供学校进行实践，以下是我国针对 ESP 教学存在的一些问题进行的分析。

（一）对 ESP 的重视不够

部分高校缺乏对 ESP 的认识，忽视了对于专业英语人才的培养。有些专业性学校尽管象征性地开设了几门 ESP 课程，但老师学生也不给予重视，学分安排少，大部分还是选修成分居多。而公立学校则只重视大学英语四、六级考试成绩，并把其作为顺利毕业的砝码之一，给教师、学生都造成了心理负担。这样的现状造成了大部分非英语专业的毕业生都缺乏一定的口语交际能力，无法在需要专业英语的工作岗位上做到游刃有余。

(二)ESP 教材

教材、教学大纲、教学内容的设置都影响着教学效果。而如今，国内的ESP研究尽管火热，但尚未有一套完整规划过的教材，大部分教材还是引进的或出自联合编写，侧重点都有差异。教材并不能给学生以引导，而且没有相对应的习题能供学生课后的练习。

(三)ESP 师资力量薄弱

ESP对教师的要求较高，不仅要懂得专业知识，还要能用英语流利准确地表达出来，传授给学生。而如今，我国的教师主要有两类，一类是英语专业的教师，这类教师英语基础好，能够流利用英语授课，但缺乏对其他专业知识的学习，除了英语无法教授其他科目。另一类是非英语专业出身的教师，有一定的相关专业知识的积累，如果英文掌握得还可以，能够将其与专业知识结合在一起呈现在课堂上，就是我们所要的ESP教师，但目前看来，能够胜任的教师数量较少。

四、应对策略

在应对以上提到的一系列问题的同时，我们也要注意以下几点：

首先，我们提倡教专门用途英语，但并不是说对普通基础英语不重视。专门用途英语也要在学生有一定的英语基础后，再进行灌输，使学生达到步入职场后能灵活使用的目的。基础英语教学是一定要有的，而ESP也会逐渐成为英语教学的主要方向。这就要求学校进行分批次教学。对英语基础较弱的同学还要进行英语的强化训练，对英语基础较好的同学则可以开展相对应的ESP课程。

其次，对于教材的指定，不同地区有不同的文化背景和教育设施。应针对不同地区的不同情况，通过主管部门的协调，制定符合本地区形势的教材。例如部分地区的旅游业较丰富，可以更多倾向于旅游英语的教授，部分地区商业发达，可以倾向于商业英语的教授。而教材的指定，也需要更多的专业性教师学者共同努力，完成一套合格的教材范本。

最后，面对生疏的领域，教师的带领才能让学生更好地接受新鲜知识。我们可以引进国外的一些ESP专业教师莅临学校进行指导，也可以派出一些拥有良好的专业知识以及较扎实的英语基础知识的年轻老师到国外进行学习，促进我国ESP专业教师快速成长。

如今，我国的进口和输出日益增多，与世界的联系也日益紧密，旅游、科技、商业等各个领域都需要大量的拥有外语能力的人才，因此外语的工具性和实用性也日益增强了。然而，面对如今的大学毕业生，证书在手，说不出口的现状，ESP教学的改革势在必行。

第二节 ESP教学与需求分析

一、需求分析与ESP教学

需求分析是ESP教学理论的重要部分，并在ESP教学实践中被广泛应用，它使得语言课程与不同目标群体学生的需求相适应成为可能。目前高等院校的ESP教学存在诸多问题和困难，例如教学方法的陈旧、考核方式的僵化、师资力量的匮乏、教材使用的按部就班、课程设置的不合理等，对ESP教学进行改革势在必行。而需求分析是进行ESP教学首要的、基础的步骤，它为制定教学目标、教学大纲、教学计划、教学内容与方法、教材设计、教学评估等提供依据和参考，对于ESP教学改革十分必要。

国内开展ESP教学需求分析的研究在近十年来不断涌现，取得了很多代表性的研究成果，例如陈冰冰构建了由学生个人需求分析和社会需求分析两个子模型组成的大学英语需求分析模型；郭剑晶从职业需求角度对ESP"教"与"学"进行需求分析，提出ESP教学设计建议；蔡基刚对高等教育国际化背景下的ESP需求分析进行了实证研究；黄萍等阐述了ESP课程教学理念的本质，认为ESP的本质就是基于需求分析，以学习为中心的教学理念。虽然ESP教学需求分析研究硕果累累，但是也存在着一些不足。

二、国内ESP教学需求分析的不足

（一）需求分析理论尚处于国外理论的借鉴阶段

目前国内研究者的研究成果大多数是以国外需求理论为指导，国外理论被反复引入和借鉴。尤其在进行需求分析实证研究时，国外的需求分析模型常常被用在国内ESP教学研究的需求分析中。虽然一些国内研究者在理论学习研究的基础上，尝试构建了中国背景下的外语教学需求分析模型，例如夏纪梅和孔宪辉、束定芳、陈冰冰等，但是总的来说，这些研究并未突破国外需求分析理论的经典框架，仍停留在对国外研究成果的借鉴层面，未能开辟出全新的分析方法或研究路径。

（二）需求分析调研对象较为局限

高校 ESP 教学研究多聚焦于微观课程，例如针对某一 ESP 课程或某一专业学生所学 ESP 课程的教学研究，需求分析的调研对象集中于在校学生、毕业生、教师和教学管理者、用人单位几类。研究者主要关注的是在校学生的需求，即便有同时关注到教师或用人单位或其他方面的需求，但仍然是以学生需求研究为主。而且某些调研的样本数量过小，调查区域或者调查行业非常局限，调研结果与分析往往缺乏说服力。

（三）需求分析研究工具略显单薄

在我国 ESP 教学需求分析实证研究中，使用最多的研究工具是问卷调查。在研究的起步阶段，有些研究者仅使用了问卷调查一种研究工具。随着此项研究的深入和发展，一些研究者尝试使用了其他研究工具，例如访谈、案例分析、观察、文献研究等，并且将问卷调查与其他研究工具组合使用，如问卷调查+访谈、问卷调查+案例分析、问卷调查+文献研究等。目前，"问卷调查+"非常普遍，但问卷调查仍然是最主要的研究工具，其他研究工具仅为辅助工具。

（四）缺乏动态性和持续性的需求分析

受多种因素的影响和制约，人的需求是动态的，变化的，因此需求分析应是一个动态的过程。ESP 与通用英语的不同之处就在于其课程设计是动态而灵活的。而我国 ESP 教学研究者在进行需求分析时，绝大多数是一次性研究行为，例如研究发生在课程开始前，希望研究结论为教学大纲的制定、教学内容和方法的设计等提供依据和参考。实际上这样的研究只能表明某一时间点上的静态需求，无法代表整个课程的动态的、整体的需求。需求分析缺乏持续性的另一表现是大多数的需求分析没有循环往复进行，没有作用于教学反馈和评估，需求分析的作用并未充分发挥出来。

三、完善 ESP 教学需求分析的建议

（一）深化理论研究

需求分析是一个动态的过程，需求分析理论和方法也应该是与时俱进、不

断发展的。事实上，Dudley-Evans 和 St.John 的研究成果 Developments in English for Specific Purposes：A Multi-disciplinary Approach 出版于 1998 年，Hutchingson 和 Waters 的研究成果 English for Specific Purposes：A Learning-centered Approach 出版于 1987 年，虽为经典理论，但至今已有二三十年的时间了。国内研究者在引入和借鉴经典研究成果的基础上，应多关注新的研究动态和研究成果，加强理论研究意识，不断梳理、反思和深化理论研究，并尝试运用新思维，从新视域探索适应时代背景和中国国情的需求分析理论，构建本土化的适合中国 ESP 教学的需求分析模型和研究路径。

（二）合理设定调研对象，适当选择研究工具

调研对象的准确设定能保证需求分析的科学性，研究工具的适当使用能保证需求分析的顺利有效进行。高校 ESP 教学需求分析调研对象主要包括在校学生、毕业生、教师、教学管理者、用人单位、语言学家等，研究工具主要包括测试、观察、访谈、问卷调查、案例分析、文献研究等。调研对象和研究工具是多样化的，在进行需求分析时，应根据调研目标，合理确定调研对象，科学设置调研规模和样本数量，选择适当的研究工具或工具组合，减少研究的盲目性和随意性。

（三）持续化需求分析

ESP 教学需求分析应该系统化、常态化，持续进行。例如在 ESP 课程开始前、ESP 课程进行中、ESP 课程结束且学生经历工作实习后对同一批学生开展调研，了解不同时间点上学生的需求，并分析需求变化。一方面教学人员根据需求的变化实施相应的调整，可以更好地满足学生需求；另一方面，将调整后的教学方案付诸新一轮的 ESP 教学实践，在新一轮的实践中再次了解学生需求，并和上一轮比较，分析差异，可以发现新问题，采取新措施。下一轮亦是如此。由此循环往复，推动 ESP 教学发展。因此，持续化的研究过程对于 ESP 教学来说意义重大。

需求分析本质上是一种高度基于本土情境、讲究实用的活动。因此，中国的研究者应不断深化基于中国国情的需求分析理论和实证研究。在高校 ESP 教学需求分析研究过程中，应根据实际情况合理确定调研对象、调研内容和调研工具，科学地揭示 ESP 教学的真实需求，并持续进行需求分析，努力提高研究质量。

第三节　ESP 教学与 EGP 教学

　　随着世界经济全球化的不断推进和中国政治、经济实力的腾飞，有越来越多的国家正在走进中国，同时，中国的发展也正在走向世界。英语作为世界使用最广泛的语言，正是世界了解中国、中国走向世界的有效媒介。随着英语在中国的普及化教育，越来越多的中国人通过学校学习、自学、出国深造等多种方式，来认识英语、学习英语。大学英语作为中国学生英语学习的后半程即冲刺阶段，教学方面存在着一定的利与弊。首先，随着英语学习在中国的普及，学生可能在很小的年龄就开始了英语的学习，在他们步入大学前，可能已经学了12年或更久的英语。对于一部分学生而言，他们已具备了扎实的英语基础；大学阶段的英语学习对于他们而言，是英语学习马拉松中的冲刺阶段，一旦他们在这个阶段中掌握了适合自己的学习方法，对英语产生了兴趣，他们的英语学习速度也会随之升华，进一步向语言习得迈进；那么此时，英语对学生而言，一生受用。但是，大学阶段，也不乏对英语充满厌学、弃学情绪的学生，对于这样的学生，教师是很难再将其拉回传统的英语课堂的。也许，对于这样的学生群体，在他们学生时代以后，他们是不太可能会主动学习或使用英语的。其次，在大学英语教学数十年的发展中，已经积累了丰富的教学方法，大学英语的教学方式也正趋于多模态化，如微课、慕课、翻转课堂等，教学内容、材料丰富，但如何在这样强大的教学背景下找到学生学习兴趣、学习积极性合适的切入点也是大学英语教师所面临的重要课题。最后，随着社会、学生对英语学习需求的不断提高，这也对大学英语教师提出了更高的要求。大学英语教师必须要走出传统的英语教学课堂，根据学生所需、所缺、所用来满足学生的英语学习需求，这就要求教师要不断丰富大学英语的课程内容。从 EGP 通用英语教学向 ESP 专门用途英语教学迈进，也不失为发展大学英语课程的一条有效途径。但就目前我国高等教育阶段的大学英语课程体系而言，笔者认为大学英语课程由 EGP 向 ESP 的教学转型，并不该是一蹴而就的，而是一个渗入式的、发展的长期过程。

一、从 EGP 向 ESP 转型的课程设置

目前,就我国高等教育阶段的 ESP 专门用途英语课程本身而言,在多数学校还没有形成一个较为完善、成熟的课程体系,只限于学生的选修课或结束大学英语公共基础课程以后的一门专业辅修课程,由本专业非英语专业教师授课。此外,课程教学内容多停留在对一些专业文章的阅读理解和专业学术词汇的记忆方面。由此可见,课程体系的不完善、教学内容的缺陷都是限制 ESP 专门用途英语课程发展的屏障。

在 EGP 向 ESP 转型的课程设置上,高校应鼓励有英语介入的跨学科建设。鉴于目前处于转型的起步阶段,因此,学校可创设由大学英语教师和专业教师共建的 ESP 专门用途英语选修课程。课程共建不仅可以促进教师的专业发展和跨学科发展,还有利于教学内容的深化与丰富,英语教师与专业教师教学相长,实际上,对于二者都是共赢的。此外,于学生而言,课程设置上,更多地根据学生的专业需求、个人学习需求来设计,会更大程度上满足学生的需要,同时,也增加了学生对课程的兴趣。

随着学生 ESP 专门用途英语选修课程的不断成熟与发展,那么,学校下一步也可根据学生的学习、专业发展、就业需求等方面,将 ESP 专门用途英语课程细化,可在学生大学学习的最后阶段开设与其专业相关的诸如职场英语、职场英语会话、专门学术用途英语、英语应用文写作等侧重实用性方面的专门用途英语选修课程。

二、从 EGP 向 ESP 转型对教师的要求

无论是课程共建中的英语教师还是专业教师,对 ESP 专门用途英语的课程观念都需要有正确的认识。提及专门用途英语,很多教师倾向于侧重其专业性方面,教学中,尤其在专业词汇词义、用法等方面,倾向于与通用英语词汇词义、用法割裂开来,着重其差异性,更多地让学生去学习新鲜的、陌生的知识。因此,学生在学习专业英语时,往往抱怨其生僻、晦涩、难懂。其实,在专门用途英语的教学中,教师不妨转变观念,从语言的专门通用性入手,关注学生未来步入社会语言使用的实用性方面,由简入难、求同存异,以学生更容易接受的方式,展开他们新一阶段的 ESP 学习。

如前所述，我国英语教学的 ESP 转型之路还处于起步阶段、试验性阶段，因此，不免会遇到这样或那样的磨合问题。那么，在试新的过程中，教师与学生一定要避免急于求成的心态，做到戒骄戒躁，遇到问题，分析问题、解决问题。一步一个脚印，用可持续发展的视角，对待一门学科的成长与发展。EGP 向 ESP 的转型目前也可以称为一个准备阶段，它需要师资的准备、教学内容的准备、学生的准备、经验值的准备等，只有准备得充分，才会厚积而薄发。

教师除了观念和心理的转变，还应专注自身的学识的拓展。这就要求教师不但关注本专业的发展动态，深化学识，还应注重本专业和不同的学科的交叉发展，寻求学习、教学新的契机，不断更新教学内容、教学理念。从而激发学生学的求知欲、学习主动性，赋高等教育以新的春天。

三、从 EGP 向 ESP 转型对教学内容的安排

大学英语教学从 EGP 向 ESP 的转型之路任重而道远，却有无限的新思维、新内容可供教学者去探索，这不失为教师教科研工作的一个新契机。就转型期的教学内容而言，教师除了在传统上关注学生英语学识、学知的新旧衔接，通用英语向专门英语的过渡；教师还应从英语语言的共性、通用规律、一般释义出发，研究语言在某一专业语境下的派生规律、衍生意义。从学生认知的最近发展区入手，教学内容上趋向共性的、规律性的知识点，切勿一味图新、过难，从而使学生失去学习的兴趣和信心。

转型期的教学内容上还应注重英语语言的多向性，即任何英语的教学都要培养学生的听、说、读、写、译等综合能力，学生在语言的学习中也在不断学习、积累英语的语音、词汇、语法、篇章、语篇等多方面的知识。目前有很多的专业英语教学多侧重培养学生专业语篇的理解能力以及掌握词汇、语法的知识方面，而忽视了学生听、说交际能力的培养、对语篇整体谋篇布局能力的培养和词汇、习语的发音、灵活运用方面的提高。因此，教师在日常的英语教学中，应帮助学生站在语言之上，学会驾驭语言的能力，而不是使学生一味地死板记忆，被动学习，沦为语言的奴隶。

此外，ESP 专门用途英语的教学还应侧重语言的实用性方面，从语言运用的角度习得语义、语用方面的知识。教学内容也应涉及跨文化交流方面，而非单纯的学术类、说明类的书面表达和范式的语言表达。学生学习一门外语甚至专门外

语，学习的目的是在提高其自身的综合文化素养和跨文化交际能力。因此，教师的教学内容上除了传授语言本身还应包括语言所传播的人文精神和语言在交际中的媒介作用。

大学英语作为高等教育的一门传统课程，它并不是一门新兴学科。近年来，因为学生专业学习的偏重、课程定位的偏差、学时学分的限制，大学英语的课程地位在不断弱化，这对大学英语教学者在新的时期提出了新的挑战，有挑战同时就有机遇，大学英语教学从 EGP 向 ESP 转型不失为新时期大学英语发展的一条新的路径。大学英语的 ESP 转型，它需要教师树立正确的课程观，进行学科共建，深化专业、跨学科的学识，梳理合理的教学内容等。因此，这是一条任重而道远的道路，它是教师和学生不断试新、不断磨合的过程，但它同时也为我国的大学英语发展注入了新鲜活力。

第四节　大学 ESP 课程的建构

随着国际化进程的不断加快，我国在英语教学中实施了重要的发展策略，不仅要培养专业的素质人才，还要将英语文化运用到各个领域中。因为基础语言的建设已经不能完全适应当代社会发展的需要，英语人才的培养已经成为多种方式的实现。所以利用 ESP 课程，使我国的英语课程能实现复合型的建构方式。

ESP 教学是一种教学方法，它是根据学生在学习基础上的需要进行创建的。主要以学生的发展为核心理念，建立多元化的创新模式。ESP 教学课程中的资源包括很多方面的建设，不仅体现了整个教学方法，也创建了适合当今社会发展的实践活动。ESP 教学具有四个方面的服务特点，首先，它是一种服务性的特种学科，尽管 ESP 教学是一门不脱离英语的主要学科，但它在应用与实践创建上也是一门语言学科。而且，它还是以学生的根本出发点建立的，根据学生在社会中的需求进行分析和研究，从而设立的大纲课程。ESP 教学与其他的教学方式也不同，它不仅是一种专业技能教学比较全的学科，在实践方法研究中也体现了新的创新模式。ESP 教学在分类上也分为不同的方式，根据具体的不同功能，可以分为乘务英语、科技英语以及商务英语等。

一、英语课程中的 ESP 课程

ESP 课程与其他的英语教学不同，它主要是对语言知识进行输入，在语言能力培养方式上是以专业性的应用能力决定的。为了符合我国发展英语复合型的专业课堂，在英语专业课程中开始运用 ESP 课程。ESP 课程是一种语言实用性比较强的课程，它不仅能给本专业的英语学科提供目标服务，也能为非英语专业的学生提供有效的目标服务。在传统的英语专业培养方式上，不仅没有使学生掌握英语实践知识在社会中的发展方向，也没有将英语作为社会中主要的交流工具。而在新的《大纲》提出下，为了在英语学科中创建专业的复合型人才，不仅要改变过去培养人才中出现的一些弊端，还要将 ESP 课程教学进行创新，不仅要突出它的实用性效果，还要在创新与发展建设中适应国际文化的发展需要。

二、英语课程中的ESP课程存在的问题

（一）没有明确的目标

为了创建我国英语复合型的专业课程，各个高校在创建ESP课程中，都已经开展了专业性的课程教学模式，如商务英语学科、外贸翻译学科的建立。但这种课程体系在建立中还只是传统的、以英语学科作为基础的，从而导致教学模式之间的较大差别性。对于商务英语这项学科来说，为了追求整个教学的英语化水平，在教学中运用英语语言实施课堂教学，不仅没有使学生接受这种教学方式，也没有确定的教学目标。

（二）没有规范的ESP教材

我国实施ESP教学课程也没有规范的教材，很多教材的使用不仅没有统一，而且也没有一定的教学。先进的学科教学在教材上的选择应遵循一定的目标，成为更系统的教学模式，不仅要具有一定的权威效果，还要具有一定的参考价值。根据我国在学校教学中的调查分析，很多学校运用的商务英语学科教材都不同，不仅没有进行课程的规范、统一，很多教材的质量也不具有一定的应用价值。在实际的课程教学中不仅有较大的随意性，涵盖的知识内容也没有提升学生在知识上的运用能力。

（三）没有专业的ESP教师

我国在ESP教师上的选择还不具备相应的专业性，由于我国传统教学模式的不断影响，我国英语学科的教师大多都只掌握了单科知识，虽然他们具有丰富的教学经验，但在ESP教学模式中就比较弱。不仅没有完成实际教学中的大纲要求，教师实际教学的知识水平也没有得到较大的提高。很多ESP教师都是从英语学科转过来的，他们对原有知识的教学经验比较丰富，但ESP教学课程模式就成为他们面临的新挑战，不仅没有充足的专业知识，在内容教学模式中也出现了较大的困难。

（四）没有先进的 ESP 教学方法

我国之所以没有实现新的教学模式，就是因为在 ESP 课程教学中没有先进的教学方法。ESP 课程教学是当今发展起来的新型教学模式，它不仅能提高学生的兴趣，也能在学生发展语言教学中实现应用。但由于这种规模的不断扩大，而且在创建中也没有统一的教材，教师的知识水平也比较落后，所以我国关于 ESP 课程教学的学习方法还比较落后。实际的课堂教学还在利用传统的教学模式，虽然教师能够对重要的知识点进行讲解，但学生的自主能力、实践能力以及掌握知识的运用能力都没有得到有效的提高。传统的教学方式不仅在思维建设、技术建设等方面没有改善，学生对新目标学习的概念和学习方法也没有得到有效的实施。

三、实施 ESP 英语课程复合型专业建构

（一）建立 ESP 课程资源和学习目标

明确教学中的目标建设是整个教学的基本教学方式。为了培养英语专业中的复合型人才，就要选择合适的教学目标。因为在主要的学习过程中，只有建立良好的学习目标，明确相应的学习任务，才能构建以下的学习方式和过程，才能实现整体的教学模式。在 ESP 课程建立过程中，首先根据学校的基本情况建立相关的课程资源，还要将英语教学的重点放在信息交流的方向上，将英语专业知识的结构进行系统的整理和建立，根据学生在学习中的实际情况，利用有效的学习资源使学生在实际学习中能根据已经掌握的学习目标分配任务。

（二）规范 ESP 课程使用的教材

根据我国教学内容在 ESP 课程英语教学中的利用，出现很多的 ESP 教材都是乱用的现象，这种现象不仅没有改变我国英语教学传统课程教学，也没有达到提高英语水平的目的。因为教材的应用是整个教学的基本，也是最重要的知识材料。在当前发展 ESP 课程英语教学中，就更要搞好教材的基本建设。所以根据我国在教材方向的改革和创新的发展趋势，就要不断制定适合当今发展的，能够"走出去"的基本教材。还可以与国外的教材商家友好合作，从而编撰出更好的、适合学生发展的 ESP 教材。

(三)加强 ESP 课堂中的教师专业性

为了实现英语复合专业课程的建构,引进了 ESP 英语课程模式。这种课程模式不仅能使学生通过专业的学习方式掌握语言的魅力,还能在不同层次上了解英语知识结构,从而加深对英语学习的印象。ESP 课程教学是一门专业的、具有语言能力的学科,所以在实际教学中,教师发挥着关键作用。一个教师在知识水平上的建设是整个教学过程中的主要因素,因为教师是整个教学中的主导力量,教师的知识水平决定了整个教学的知识水平。所以在 ESP 教学中,就要运用高水平、高素质的教师队伍,才能实现英语复合型专业课程的实施。在 ESP 课程教学中,可以要求任教教师与外国教师进行友好的交流与合作,明确主要的教学目标,对这种教学模式展开深一步的讨论和创新,从而发展为自己的知识体系。因为英语专业拥有自己的教学目标和教学要求,所以教师要具有相当的水平才能实现更好的资源分配,所以他们既要掌握专业的英语知识,还要提高自己在教学中的素质建设,这样才能更好地实现引导效果。

(四)使用先进的教学方法

在当前英语教学活动中,都是以学生为个体实施教学的,ESP 英语课程模式就是针对学生为主体来进行的,建立的英语教材内容与英语学习目标都是根据学生在社会中的发展要求实施的。一个好的学习方法能够使学生在良好的基础上积极面对学习,也能使教师在实际教学中实现良好的教学价值。所以,要实现 ESP 英语课程模式的创新,将学生作为整个教学的中心的同时,还要建立良好的学习方法,根据不同学生在学习中的需要创建不同的学习方法,从而使学生在应用方式上也能适应当代社会的教育实施。ESP 英语课程模式在实际学习中并不只是学习语言的运用方式,而是在学生与老师的交流与互动中完成学习的,从而使学生能更好地掌握英语运用模式。

由于我国英语教学模式的不断创新和发展,为了满足社会当今发展的需要,就要开发复合型的英语专业人才,在新时期引入 ESP 英语课程教学模式。通过这种建构模式的产生和发展,外语学习已经广泛地应用到各个领域,不仅改变了单一方式的教学模式,这种课程的融合也实现了更专业化的创新。所以学生在学习中不仅要具有基础的专业知识,还要掌握相关的技能,从而提升学科的知识水平。

参考文献

[1] 张学新.对分课堂:大学课堂教学改革的新探索[J].复旦教育论坛,2014,12(05):5-10.

[2] 汪军,严晓球.近十年来国内大学英语大班教学研究综述[J].教育学术月刊,2011,(11).

[3] 杨淑萍,王德伟,张丽杰.对分课堂教学模式及其师生角色分析[J].辽宁师范大学学报(社会科学版),2015,(09).

[4] 张博雅.对分课堂:大学英语课堂教学改革的新思路[J].科学与财富,2015,(12):803.

[5] 柴霞.基于"对分课堂"的大学英语教学实践与反思[J].曲阜师范大学公共外语教学部,2016,(06).

[6] 谷陟云.罗杰斯的人本主义教育观及其启示[J].现代教育科学,2009,(10).

[7] 陈爱梅.人本主义学习理论及对外语教学的启示[J].辽宁师范大学学报,2003,(3).

[8] 王健芳.外语教学改革与实践[M].南京:南京大学出版社,2016.

[9] 孙立伟.对数字化教学资源建设的思考[J].新西部,2007,(12).

[10] 杜振华.英语资源服务器及网络语音室的安全管理与实践[J].中国科教创新导刊,2008,(1).

[11] 李建萍.分级教学背景下大学生英语词汇学习策略的调查和分析[J].黄山学院学报,2009(8):99.

[12] 汤闻励.非英语专业大学生英语学习"动机缺失"研究分析[J].外语研究,2012(1):70-75.

[13] 李艳,韩文静.孔子因材施教的教育思想简述[J].吉林教育学院学报,2008(4):39.

[14] 刘英爽.国际化背景下大学英语跨文化教育的瓶颈和转型趋势[J].教育评论,2016(7):115-117.

[15] 王汉英，胡艳红，徐锦芬.美国康奈尔大学外语教学观察与思考[J].教育评论，2015（7）：165.

[16] 秦秀白，张凤春.综合教程3(学生用书)[M].上海：上海外语教育出版社，2014.

[17] 王允庆，孙宏安.高效提问[M].北京：高等教育出版社，2016.

[18] 赵周，李真，丘恩华.提问力[M].北京：电子工业出版社，2018。

[19] 陈帅.大学英语修辞教学探析[J].湖北经济学院学报，2013(9)：203-205.

[20] 王涛.大学英语教学中英语修辞格的赏析[J].英语广场，2013(10)：97-99.

[21] 夏俊萍.浅析大学英语教学中学生修辞鉴赏能力的培养[J].吉林工程技术师范学院学报，2014(10)：68-70.

[22] 张红.浅谈英语教学中常见的修辞[J].教师，2015(11)：47-48.